W0327230

001jp Abb.: rb

Robert Baum

Japan – Reisen, Jobben, Sprache Lernen

„Der wahre Beruf des Menschen ist,
zu sich selbst zu kommen."
Hermann Hesse

Impressum

Wir freuen uns über Kritik, Kommentare und Verbesserungsvorschläge.

Alle Informationen in diesem Buch sind vom Autor mit größter Sorgfalt gesammelt und vom Lektorat des Verlages gewissenhaft bearbeitet und überprüft worden.

Da inhaltliche und sachliche Fehler nicht ausgeschlossen werden können, erklärt der Verlag, dass alle Angaben im Sinne der Produkthaftung ohne Garantie erfolgen und dass Verlag wie Autor keinerlei Verantwortung und Haftung für inhaltliche und sachliche Fehler übernehmen.

Die Nennung von Firmen und ihren Produkten und ihre Reihenfolge sind als Beispiel ohne Wertung gegenüber anderen anzusehen. Qualitäts- und Quantitätsangaben sind rein subjektive Einschätzungen des Autors und dienen keinesfalls der Bewertung von Firmen oder Produkten.

Robert Baum
Japan – Reisen, Jobben, Sprache Lernen
erschienen im
REISE KNOW-HOW Verlag Peter Rump GmbH, Bielefeld
Osnabrücker Straße 79, 33649 Bielefeld

Herausgeber: Klaus Werner

1. Auflage 2006

Gestaltung
Umschlag: G. Pawlak, P. Rump (Layout), K. Werner (Realisierung)
Inhalt: G. Pawlak (Layout), A. Medvedev (Realisierung)
Fotos: Robert Baum (rb und Titelfoto), Marc Reimann (mr)

Druck und Bindung
J. P. Himmer GmbH & Co. KG, Augsburg

ISBN-10: 3-8317-1488-6
ISBN-13: 978-3-8317-1488-9
Printed in Germany

Dieses Buch ist erhältlich in jeder Buchhandlung Deutschlands, Österreichs, der Schweiz, Belgiens und der Niederlande. Bitte informieren Sie Ihren Buchhändler über folgende Bezugsadressen:

Deutschland
Prolit GmbH, Postfach 9, D-35461 Fernwald (Annerod)
sowie alle Barsortimente
Schweiz
AVA-buch 2000, Postfach 27, CH-8910 Affoltern
Österreich
Mohr Morawa Buchvertrieb GmbH
Sulzengasse 2, A-1230 Wien
Niederlande, Belgien
Willems Adventure
Postbus 403, NL-3140 AK Maassluis

Wer im Buchhandel trotzdem kein Glück hat, bekommt unsere Bücher auch in unserem **Büchershop im Internet:**
www.reise-know-how.de

Robert Baum

Japan – Reisen, Jobben, Sprache Lernen

Inhalt

004jp Abb.: rb

Blick vom Hochhaus der Stadtverwaltung von Tôkyô

Vorwort – Faszination Japan

Wer nach Japan möchte, will dies selten, weil andere es auch schon getan haben. Eine Japanreise ist etwas Exotisches, und das nicht alleine aufgrund der Entfernung. Seit einigen Jahren gibt es jedoch ein wachsendes Interesse an Japan. Es mag an Filmen wie „Kill Bill" oder „Lost In Translation" liegen, aber auch besonders viele junge Leute interessieren sich durch die immer stärker herüberschwappende Manga- (japanischer Comic) und Animewelle (japanischer Zeichentrickfilm) für das Land. Nicht unbekannt scheint es zu sein, sind doch einige Wörter aus der japanischen Sprache übernommen worden, zum Beispiel Sushi, Futon, Geisha, Kimono, Samurai, Ninja, die Bezeichnung der Kampfsportarten Judo, Karate, Aikido und Kendo. Man kennt die Hauptstadt Tôkyô, den höchsten Berg Fuji – dennoch erscheint das Land fremd und mysteriös.

Die japanische Kultur ist sehr mannigfaltig. In den Städten schießen neben den alten Tempeln und Schreinen Hochhäuser wie Pilze aus dem Boden. Mithilfe von Medien verbreiten sich Neuigkeiten und Trends in Windeseile im Land, doch Feste und Bräuche werden nach regionalen Überlieferungen gefeiert. Manchmal wird noch wie in alten Zeiten Reis mit der Hand angebaut und doch ist das Land eine der modernsten Industrienationen der Welt. Japan, ein Land, in dem alte Traditionen und die fortschrittlichsten Technologien nebeneinander bestehen und so eine überaus faszinierende und stimulierende Welt formen, ein Mix aus alt und neu, östlichen und westlichen Einflüssen.

Dieses Buch richtet sich an Japan-Fans, ältere und junge, überzeugte und zweifelnde, an diejenigen, die genauer ergründen möchten, was den Reiz des Landes ausmacht. Es werden Hilfestellungen zur individuellen Vorbereitung einer Japanreise gegeben. Das fängt mit dem benötigten Visum an. Hat man einen Kurzurlaub oder einen längeren, vielleicht einjährigen Aufenthalt im Sinn?

Des Weiteren gibt es allgemeine Hinweise zum Verhalten gegenüber Japanern, Tipps zum Einleben und Anregungen, auf welche Arten man durchs Land reisen und wie und wo man gut und günstig übernachten kann.

Somit wünsche ich eine gute Vorbereitung und im Anschluss eine erlebnisreiche und unvergessliche Reise.

Robert Baum

Danksagung

Ganz herzlich bedanken möchte ich mich bei allen, die direkt und indirekt an der Verwirklichung dieses Buches mitgewirkt haben.

Namentlich erwähnt seien Ameli Stock, Maija-Liisa Späth und Toyo Ito, die mich beim Zustandekommen und Gelingen des Praktikumsaufenthaltes unterstützten; Shingo Nakamura, Akiko Nakamura und Dan Watanabe, meinen Freunden aus Tôkyô; Naoko Aoyama, meiner Japanischlehrerin; Familie Wantanabe, meiner Gastfamilie in Kôbe; Katrin Marchand, Jan Henckens und Stefan „Fugu" Funk, die inhaltliche Hinweise gaben; Masami Ota, die viel Geduld beim Auffinden und Korrigieren der japanischen Wörter hatte; Andrea Buchspieß und Klaus Werner, die maßgeblichen Anteil am fertigen Produkt haben.

Einen besonderen Dank möchte ich meinen Eltern Helga und Siegfried Baum aussprechen, die mich bei allem unterstützten und geduldigst Korrektur lasen.

Hinweise zur Benutzung

Sprache

Um den Einstieg in die japanische Sprache einfach zu machen, werden in diesem Buch ca. 400, für Alltagssituationen wichtige Wörter auch auf Japanisch aufgeführt. Der Zirkumflex (^) über Vokalen kennzeichnet einen langen Vokal. Die Namen japanischer Städte werden im Buch in der Lautumschrift geschrieben und so wird aus Tokio Tôkyô (東京), aus Osaka Ôsaka (大阪), aus Kyoto Kyôto (京都) und aus Kobe Kôbe (神戸).

Woher mag z. B. die Beschreibung Japans als „Land der aufgehenden Sonne" kommen? Das kann man relativ einfach aus den Schriftzeichen ableiten:

日	*NI, HI, jitsu*	der Tag, die Sonne
本	*HON, moto*	das Buch, der Ursprung
日本	*nihon*	Japan, der „Sonnenursprung",

frei übersetzt „das Land der aufgehenden Sonne" ... und schon hat man die ersten zwei japanischen Schriftzeichen gelernt.

002jp Abb.: rb

▶ *Hier kann man Geld tauschen*

Währung

Aktuelle Wechselkurse des Yen findet man in Tageszeitungen und im Internet, u. a. über den Währungsrechner bei www.oanda.com. Bei Redaktionsschluss (Februar 2006) entsprachen 100 Yen etwa 0,71 Euro bzw. 1,10 Schweizer Franken.

003jp Abb.: rb

▶ *Fahnen schwenkende Japaner gratulieren: Nur am Geburtstag des Kaisers kommt man bis vor den Kaiserpalast*

Vorüberlegungen

Entscheidungsfindung

Wieso, weshalb, warum?

Die wichtigsten Fragen kommen immer zuerst. Wieso, weshalb und warum möchte ich eigentlich nach Japan? Und das vielleicht sogar für einen längeren Zeitraum?

Das Herantasten an einen **Beweggrund,** ein mögliches Ziel ist ein wesentlicher Punkt einer jeden Reisevorbereitung. Einige mögen bereits ein Programm haben, seien es Schulaustausch, Jahresurlaub, Auslandsstudium, Praktikum bei einer japanischen Firma oder Entsendung von einem heimischen Arbeitgeber. Dennoch empfehle ich allen, in sich hineinzuhorchen und nach einem oder mehreren persönlichen Zielen zu fahnden.

Die gefundenen Ziele sollte man aufschreiben und mit Freunden und Gleichgesinnten darüber sprechen. Je fester solche Ziele werden, desto mehr können sie Orientierung geben. Man wird sicherlich an einem Punkt anlangen, wo Organisationsaufwand oder Kommunikationsschwierigkeiten einen zu überwältigen drohen, man zu vergessen scheint und gar nicht mehr glauben kann, dass es der eigene Wunsch war, nach Japan zu fahren. Die **Rückbesinnung** auf diese ursprünglichen Ziele kann dann oft Wunder wirken.

Mit **Hindernissen,** die sich einem in den Weg stellen können, sollte man sich ernsthaft auseinander setzen. Das fängt bei der Sprache an: Japanisch zu lernen ist nicht einfach. Da man mit Englisch in Japan aber oft nicht weit kommt, hat man einen guten Grund, Japanisch dann doch zu erlernen.

Wer in Japan arbeiten möchte, sollte sich mit ungewohnt langen Arbeitszeiten anfreunden können. Selbst wenn Arbeitstage bis Mitternacht sicherlich nicht die Regel sind, werden doch weit mehr Überstunden geleistet als in Europa üblich. Gerade über das Finanzielle und die im Vergleich höheren Lebenshaltungskosten sollte man sich gut informieren.

Dennoch: Jeder, der mit einem Japanaufenthalt liebäugelt, sollte es anpacken. Die Erlebnisse und Erfahrungen werden einen für viele Mühen entschädigen.

Wann ist der richtige Zeitpunkt?

Wer nur kurzfristig nach Japan möchte, wird den Zeitpunkt sicherlich nach den günstigsten Klima- und Reisebedingungen richten (s. S. 70).

Wer dagegen für einen längeren Zeitraum ausreisen möchte, für den wird eine gute Vorbereitung notwendig. Viele wählen das Ende eines Lebensabschnittes, z. B. das Ende von Schule, Ausbildung oder Studium. Aber auch ein auslaufender Arbeitsvertrag bietet eine gute Gelegenheit. Wer nach der Rückkehr in derselben Firma weiterarbeiten möchte, sollte klären, wann der Arbeitgeber einen am ehesten entbehren kann.

Ziele könnten sein ...

- *im zweiwöchigen Urlaub hinter Vorurteile zu schauen oder*
- *im dreimonatigen Praktikum den japanischen Markt kennen zu lernen oder*
- *sechs Monate zu studieren und viel Zeit mit Japanern zu verbringen oder*
- *ein Jahr zu bleiben, um alle vier Jahreszeiten zu erleben, oder*
- *anderthalb Jahre zu bleiben, um die Sprache zu erlernen.*

Wie lange möchte ich bleiben?

Viele werden ein fest umrissenes Zeitfenster zur Verfügung haben. Dabei kann es durchaus sein, dass man länger bleiben möchte, als es zwei Wochen Urlaub erlauben. Wer flexible Arbeitszeitregelungen mit Langzeitkonto hat, wird vielleicht einen längeren Zeitraum freibekommen. Manche legen ein ↗**Sabbatical** ein, eine „Auszeit vom Beruf", um sich anderen Dingen wie Weiterbildung zu widmen. Denn ehrlich, bei ca. 10.000 Arbeitstagen darf man an ein paar Dutzend oder Hundert Tage Auszeit denken. Wer will sich später sagen müssen: Hätte ich nur ...?

Sabbatical
Angelehnt an das hebräische Wort „schabbat", welches an das Ruhen Gottes am siebten Tag erinnert, übrigens im Judentum der Samstag. Im alten Israel gab es die Idee von einem wiederkehrenden Schabbatjahr, alle sieben Jahre sollten Äcker brach liegen, um sich zu regenerieren. Sabbatical, die „Auszeit vom Beruf" ist ein Begriff, der aus den USA stammt.

Auszeit heißt ja nicht gleich Trägheit, sondern zeigt, dass man Mut zu Neuem hat. Wichtig ist, dass man die Auszeit vor sich selbst rechtfertigen und damit auch andere überzeugen kann. So werden beispielsweise Auslandserfahrung und interkulturelle Kompetenz im Berufsleben immer wichtiger.

Visum-Arten – Grund der Reise

Japanisches Ministerium für Auswärtige Angelegenheiten
www.mofa.go.jp/j_info/visit/visa/index.html (engl.)

Für einen Aufenthalt in Japan benötigt man auf jeden Fall ein Visum und damit einen **Reisepass.** Je nach Grund und Dauer der Reise werden unterschiedliche Visa ausgestellt. Die im Folgenden gemachten Visa-Angaben (Stand: März 2006) können sich kurzfristig ändern. Daher sollte man sich vor der Abreise bei der jeweiligen Botschaft (s. S. 21) oder beim Auswärtigen Amt (s. S. 55) über den aktuellen Stand informieren.

Reisen als Tourist

Einwohner der Europäischen Union und Bürger der Schweiz können als Tourist einreisen, ohne vorher ein Visum beantragen zu müssen. Es wird direkt am Flughafen in Japan für **90 Tage** ausgestellt (短期滞在, *tanki taizai,* Kurzaufenthalt). Eine Verlängerung um weitere 90 Tage ist möglich (s. S. 90).

005jp Abb.: rb

▲ *Aus Automaten gibt es nahezu alles: Essen, Trinken, Spielsachen, Blumen …*

Einer bezahlten Beschäftigung nachzugehen ist mit diesem Visum nicht erlaubt, das entgeltlose **WWOOF** (s. S. 136) dagegen ist möglich.

Jugend- und Schüleraustausch

Man muss nicht warten, bis man erwachsen ist und viel Geld hat, um nach Japan zu reisen. Bereits als Schüler kann man diesen Wunsch in die Tat umsetzen. Auch Minderjährige brauchen bei einer Reise nach Japan einen Reisepass, den sie mit Zustimmung beider Erziehungsberechtigten beantragen können. Bei einem Aufenthalt von bis zu 90 Tagen ist das **Touristenvisum,** das man direkt am Flughafen in Japan erhält, meist das Richtige.

Kinder in Japan gehen zwölf Jahre zur Schule, sechs Jahre in die Grundschule (小学校, *shôgakkô*), drei Jahre in die Mittelschule (中学校, *chûgakkô*) und weitere drei Jahre in die Oberschule (高等学校, *kôtô gakkô*). Das Schuljahr beginnt im April.

Brieffreundschaften

Brieffreundschaften sind eine einfache Möglichkeit, um mit japanischen Jugendlichen Kontakt aufzunehmen, www.infojapan.de ➞ Penpals.

Der **„Arbeitskreis gemeinnütziger Jugendaustauschorganisationen“** (AJA) umfasst die vier Mitgliedsorganisationen AFS Interkulturelle Begegnungen e.V., Deutsches Youth For Understanding Komitee e.V., Experiment e.V. und Partnership International e.V. und führt seit Jahren seriöse und gut betreute Schüleraustauschprogramme mit Japan durch. Bei einem in der Regel einjährigen Schulbesuch – ein entsprechendes Visum beantragt die Austauschorganisation – sollten die Teilnehmer zwischen 15 und 18 Jahre alt sein.

- www.aja-org.de
- www.botschaft-japan.de/austausch/austausch.html ➞ Jugendaustausch
- http://web-jpn.org/kidsweb/foreign/de-index.html

Ferienarbeit (Working Holiday)

Aufgrund eines Abkommens zwischen Japan und Deutschland aus dem Jahr 2000 besteht für junge Leute bis 30 Jahre die Möglichkeit, **ein Jahr** im jeweils anderen Land zu reisen und zu jobben. Weitere Länder, die ein solches Abkommen mit Japan haben, sind Australien, Neuseeland, Kanada, Südkorea, Frankreich und Großbritannien. Mit der Schweiz und Österreich gibt es ein solches Abkommen derzeit noch nicht.

Teilnehmende Länder
Für aktuelle Informationen sind die Seiten des Japanischen Ministeriums für Auswärtige Angelegenheiten sehr hilfreich, www.mofa.go.jp/j_info/visit/w_holiday (engl.).

Bei einem solchen Ferienarbeitsaufenthalt, international **Working Holiday** (ワーキング・ホリデー, *wâkingu horidê*) genannt, geht es darum, das Land auch längere Zeit bereisen zu können und dabei so viel wie möglich von Land und Leuten kennen zu lernen. Man kann außerdem durch **gelegentliche Aufnahme bezahlter Tätigkeiten** die

Reisekasse aufbessern, ohne die sonst üblichen bürokratischen Hürden bei Arbeitserlaubnissen überwinden zu müssen. Man darf aber maximal die Hälfte der Zeit arbeiten. Dabei steht es einem frei, ob man sechs Monate Vollzeit oder zwölf Monate halbtags oder abwechselnd einen Monat arbeitet, einen Monat reist oder drei Tage die Woche arbeitet usw. Die Japaner dürfen umgekehrt bei einem Jahr Aufenthalt in Deutschland nur drei Monate arbeiten. Man kann fast jede Art von Arbeit aufnehmen, Ausnahmen sind Jobs im Vergnügungsgewerbe wie Spielhallen und Nachtclubs.

Beantragt werden kann das **kostenlose Visum** persönlich bei einer japanischen Auslandsvertretung (siehe „Wichtige Adressen" S. 21). Für die Bearbeitung sind ca. zwei Wochen einzuplanen. Die oft gelesene Altersbeschränkung von 25 Jahren mit dem Hinweis, dass man das Visum bis 30 Jahre nur in Ausnahmefällen erhält, gilt nach Angaben des Japanischen Ministeriums für Auswärtige Angelegenheiten nur für Großbritannien und nicht für Deutschland. Hier sollte sich jeder Interessierte aber noch mal persönlich bei Botschaft oder Konsulat erkundigen.

Bedingungen für die Erteilung eines Working Holiday Visums (WHV)

Der Antragsteller muss zum Zeitpunkt der Antragstellung

- ❑ *deutscher Staatsbürger sein,*
- ❑ *darf bisher noch kein WHV erhalten haben,*
- ❑ *darf nicht von Kindern begleitet werden,*
- ❑ *mindestens 18 und höchstens 30 Jahre alt sein, also spätestens einen Tag vor dem 31. Geburtstag,*
- ❑ *einen Rückflugschein vorweisen oder ca. 1100 €, um diesen erwerben zu können,*
- ❑ *über angemessene Mittel für den Beginn des Aufenthaltes verfügen, ca. 2000 € für Alleinreisende, ca. 3000 € für Ehepaare.*

Wer bereits eine Arbeitsstelle gefunden hat, sollte vermeiden, dieses bei der Beantragung des Visums anzugeben. Es könnte ein Grund für eine Ablehnung des Antrags sein. Die japanischen Behörden sehen es nicht gerne, wenn man mit diesem

Unterlagen zur Antragstellung

Folgende Dokumente sind vorzulegen:

- *gültiger deutscher Reisepass*
- *Antragsformular, zweifach, gibt es bei Antragstellung in Botschaft und Konsulat*
- *zwei identische Fotos (45 x 45 mm), die auf die Antragsformulare zu kleben sind*
- *Lebenslauf, zweifach auf A4*
- *schriftliche Begründung für den Antrag (das Wieso?), zweifach auf A4*
- *Planung des bis zu einjährigen Aufenthaltes (das Was?, Wie? und Wohin?), Angaben zur gewünschten Art der Beschäftigung, zweifach auf A4*
- *Nachweis über ausreichende finanzielle Mittel, wie Flugticket, Kontoauszug oder Reiseschecks*
- *eine Auslandskrankenversicherung für die Dauer des Aufenthaltes, Kopie genügt*

Visum zum Arbeiten einreist. Hauptgründe sind Reisen, Sprache lernen, Land kennen lernen! Besser von Jobben, Teilzeitstelle oder Ferienarbeit reden.

Spätestens **sechs Monate** nach Erteilung des Visums muss man in das Land einreisen, ansonsten verfällt das Visum. Die Gültigkeitsdauer beträgt ein Jahr und kann nicht verlängert werden.

006jp Abb.: rb

Beim Picknick mit japanischen Studenten

Ausbildung und Studium

Der Gründe, eine Ausbildung in Japan anzustreben, gibt es sicherlich viele. Sei es ein **Sprachstudium** zum Erlernen der japanischen Sprache, ein **Teilstudium** als Austauschprogramm oder ein **Sommerkurs** einer japanischen Bildungseinrichtung. Wenn ein 90 Tage gültiges Touristenvisum nicht ausreicht, kann man bei einer japanischen Auslandsvertretung ein Visum für ein maximal zweijähriges **Hochschulstudium** (留学, *ryûgaku,* Auslandsstudium), für eine maximal einjährige Ausbildung an einer Bildungseinrichtung, z. B. einer Sprachschule (就学, *shûgaku,* Schulbesuch) oder für eine höchstens ein Jahr

Wichtige Adressen

Botschaft und Konsulate in Deutschland *(ドイツで, doitsu de):*

- *Botschaft von Japan in der Bundesrepublik Deutschland, Hiroshimastraße 6, 10785 Berlin, Tel. +49 (0) 30 210940, Fax 21094222, info@botschaft-japan.de, www.botschaft-japan.de*
- *Generalkonsulat Düsseldorf, Immermannstraße 45, 40210 Düsseldorf, Tel. +49 (0) 211 164820, Fax 357650*
- *Generalkonsulat Frankfurt a. M., Taunustor 2, 60311 Frankfurt a. M., Tel. +49 (0) 69 2385730, Fax 230531*
- *Generalkonsulat Hamburg, Rathausmarkt 5, 20095 Hamburg, Tel. +49 (0) 40 3330170, Fax 30399915*
- *Generalkonsulat München, Karl-Scharnagl-Ring 7 (4.OG), 80539 München, Tel. +49 (0) 89 4176040, Fax 4705710, info@japangk-munich.ccn.de*
- *Honorarkonsulat Stuttgart, Am Hauptbahnhof 2, 70173 Stuttgart, Tel. +49 (0) 711 1273202, Fax 1273100*

Botschaft in Österreich *(オストリアで, osutoria de):*

- *Japanische Botschaft, Hessgasse 6, 1010 Wien, Tel. +43 (0) 1 531920, Fax 5320590, info@embjp.at, www.at.emb-japan.go.jp*

Botschaft in der Schweiz *(スイスで, suisu de):*

- *Japanische Botschaft, Engestraße 53, Postfach, 3000 Bern 9, Tel. +41 (0) 31 3002222, Fax 3002255, eojs@bluewin.ch, www.ch.emb-japan.go.jp*

dauernde „kulturelle Aktivität" (文化活動, *bunka katsudô*), zum Erlernen japanischer Künste wie Judo oder Töpferei beantragen.

Mit diesen Visa ist das Ausüben einer **Teilzeitarbeit** zur Finanzierung des Studiums nicht erlaubt. Es gibt jedoch die Möglichkeit, bei einer Einwanderungsbehörde in Japan (s. S. 89) eine entsprechende Erlaubnis ab dem vierten Aufenthaltsmonat zu beantragen.

Akademisches Jahr

Das akademische Jahr in Japan ist in Semester unterteilt, „Erstes Semester" von April bis September und „Zweites Semester" von Oktober bis März. Semesterpausen sind von Hochschule zu Hochschule unterschiedlich. In der Regel gibt es drei Pausen: im Sommer von Ende Juli bis Anfang September, im Winter von Ende Dezember bis Anfang Januar und im Frühjahr von Februar bis März.

Wer ein **Teilstudium** anstrebt, nutzt am einfachsten die zahlreichen Austauschprogramme zwischen deutschen und japanischen Bildungseinrichtungen. Informieren kann man sich z. B. in den „Akademischen Auslandsämtern" der Hochschulen. Die Möglichkeiten der Anerkennung von in Japan erbrachten Studienleistungen sollten schon vor der Ausreise geklärt werden, sonst kann der Auslandsaufenthalt zu einer ungewollten Verlängerung der Ausbildungszeit werden. Die japanische Sprache sollte man einigermaßen beherrschen. Die angebotenen Kurse werden nur in wenigen Ausnahmen auf Englisch gehalten.

Bei der Planung eines Teil- oder eines **Vollstudiums, z. B. ein Aufbaustudium,** kann man finanzielle und organisatorische Unterstützung durch ein Stipendium (s. S. 30) erhalten.

Praktikum

Japan ist weltweit die zweitgrößte Wirtschaftsmacht und damit wichtiger Handelspartner vieler Länder. Ein Praktikum in Japan zu absolvieren, ist eine spannende Erfahrung, bei der man Einblicke in die japanische Firmenkultur erhält. Die Dauer eines

Praktikums kann bis zu **zwölf Monate** betragen, entsprechende Praktikanten-(Trainee-)Visa (研修, *kenshû*) können mit der Hilfe einer Praktikumsfirma beantragt werden. Die **Suche nach einem Praktikumsplatz** ist mit einigen Hürden verbunden. In den Studienplänen japanischer Hochschulen gibt es keine vorgeschriebenen Praktika. So darf es nicht verwundern, dass bei vielen japanischen Unternehmen kein System existiert, um Praktikanten aufzunehmen (**Praktikumssystem,** インターン制度, *intân seido*). Wenn doch, sind die Praktika meist unbezahlt. Gern gesehen sind Praktikanten bei internationalen Organisationen, auch hier meist unbezahlt.

Englischsprachige Informationen
- ***Japan Student Services Organization,*** *www.jasso.go.jp/index_e.html*
- ***Study in Japan Comprehensive Guide,*** *www.studyjapan.go.jp/en/index.html*
- ***Japan Open Course Ware Alliance,*** *www.jocw.jp/index.htm*

Es gibt **Programme für Auszubildende, Akademiker und Nicht-Akademiker,** die einen Praktikumsaufenthalt organisieren können,

▼ *Hege und Pflege für das Schöne*

007jp Abb.: rb

z. B. bei der Kontaktaufnahme mit Firmen, den Bewerbungsunterlagen oder der Beschaffung eines **Certificate of Eligibility** (CoE) (s. S. 25) helfen und finanzielle Unterstützung bieten. Sehr zu empfehlen sind u. a. die durch InWEnt vermittelten Japan-Programme.

Hilfe bei der Organisation

- ***Internationale Weiterbildung und Entwicklung*** *(InWEnt) gGmbH, Friedrich-Ebert-Allee 40, 53113 Bonn, Tel. 0228 4460-0, Fax 4460-1776, www.inwent.org*
- ***Botschaft von Japan,*** *www.botschaft-japan.de/austausch/austausch.html → Berufliche Aus- und Weiterbildung*
- ***Koordinationsstelle für Praktika,*** *www.kopra.org*
- ***Nippon Carl Duisberg Gesellschaft,*** *www.ncdg.jp/deutsch/service.htm*
- ***GLS,*** *www.gls-berlin.com → Auslandspraktikum → Japan*
- ***AIESEC,*** *www.aiesec.org (engl.)*
- ***IAESTE,*** *www.iaeste.or.jp (engl.)*

Arbeiten

Wer in Japan arbeiten möchte, braucht eine **Arbeitserlaubnis** (就労許可, *shûrô kyoka*). Die mehrseitigen Formulare füllt am besten der Arbeitgeber aus, da viele Fragen die Firma bzw. arbeitgebende Organisation betreffen. Vom Arbeitnehmer werden meist **Zeugnisse** verlangt, die bestätigen, dass er im auszuübenden Beruf ausgebildet wurde, z. B. der Gesellenbrief oder die Diplomurkunde. Übersetzen und beglaubigen lassen kann man die Zeugnisse von Botschaft oder Konsulat. Vereinbarte Dauer der

008jp Abb.: rb

▶ *Aushilfe im Garten – in privaten Haushalten gibt es viel zu tun*

Beschäftigung und Gehalt müssen ebenfalls angegeben werden. Somit betrifft die Arbeitserlaubnis auch nur einen Arbeitgeber und ist kein Freibrief, überall in Japan arbeiten zu können. Bei einer Verlängerung des Arbeitsverhältnisses oder einem Arbeitgeberwechsel muss rechtzeitig ein neues Visum beantragt werden. Ein Arbeitsvisum wird in der Regel für ein bzw. drei Jahre ausgestellt.

Beantragung von Visum und Certificate of Eligibility

Man kann ein Visum persönlich bei jeder japanischen Auslandsvertretung beantragen. Das Formblatt erhält man bei Nachfrage bzw. man kann es sich auch aus dem Internet herunterladen. Da weitere benötigte Unterlagen von Fall zu Fall variieren, sollte man die Auslandsvertretung vorab konsultieren.

Bei einem anderen Verfahren beantragt der Arbeitgeber, die Praktikumsfirma, Sprachschule oder Bildungseinrichtung als Bürge bei der lokalen Einwanderungsbehörde in Japan zuerst eine **Eignungsbestätigung,** ein so genanntes „Certificate of Eligibility" (CoE, 在留資格認定証明書, *zairyûshikaku nintei shômeisho*). Mit dem erteilten CoE, dem gültigen Reisepass, Passfoto und Namen, Adresse und Telefonnummer des Bürgen geht man zur japanischen Auslandsvertretung

Visabeantragung (eng.)

- *www.mofa.go.jp/j_info/visit/visa/apply-form.pdf*
- *www.mofa.go.jp/j_info/visit/visa/05.html*

Familienmitglieder

Wer einen nicht touristischen Japanaufenthalt mit Familie plant, muss sich gut um die Visaangelegenheiten seiner Angehörigen kümmern. Diese können ein vom Hauptreisenden ***abhängiges Visum*** *(家族滞在, kazoku taizai, Familienaufenthalt) erhalten und den gleichen Zeitraum über in Japan bleiben. Dies geht allerdings nur, wenn sie bereits im Visumsantrag des Hauptreisenden mit angegeben werden, egal ob sie gleich mit- oder später nachreisen. Wenn Angehörige mit einem Touristenvisum einreisen, ist eine nachträgliche Änderung in einen abhängigen Status fast unmöglich.*

und erhält dann innerhalb weniger Tage das eigentliche Visum.

Obwohl dieses Verfahren die Prüfung einfacher und schneller gestalten soll, kann es dennoch bis zu drei Monate dauern. Welches Verfahren im Einzelnen angebracht erscheint, kann man mit der einladenden Firma bzw. Organisation absprechen.

Die Gültigkeit des CoE läuft nach **drei Monaten** ab. Der Antragsteller muss daher innerhalb dieser Zeit sein Visum bekommen oder nach Ablauf der Frist ein neues beantragen. Wer dann, auch bei der persönlichen Beantragung, ein einfach（1回限り有効の場合, *ikkaikagiri yûkô no baai*), zweifach（2回限り有効の場合, *nikaikagiri yûkô no baai*) bzw. mehrfach (数次有効の場合, *sûji yûkô no baai*) zur Einreise gültiges Visum erhält, muss innerhalb von **drei, sechs bzw. zwölf Monaten** nach Ausstellung einreisen.

Arbeitsstelle und Arbeitsagentur

Zwischenzeugnis

Zu empfehlen ist, sich ein Zwischenzeugnis für die bisherige Arbeitszeit in der Firma ausstellen zu lassen. Im Gegensatz zum Arbeitszeugnis nach dem Ausscheiden besteht aber kein gesetzlich eindeutig geregelter Anspruch darauf.

Freistellung

Per Gesetz hat man in Deutschland, Österreich und der Schweiz (noch) keinen rechtlichen Anspruch auf eine längere Auszeit. Nur für **Beamte** gibt es in einigen Bundesländern klare Regelungen, ebenso können sich Hochschulprofessoren für Forschungsvorhaben freistellen lassen. In größeren Firmen werden bereits **flexible Arbeitszeitkonten** angewandt, auf denen Überstunden gutgeschrieben und zu einem späteren Zeitpunkt genommen werden können. Dabei bleiben meist alle Versicherungen bestehen. **Unbezahlter Urlaub** ist eine weitere Möglichkeit, bei der aber die Versicherungen vom Arbeitgeber nicht weiterbezahlt werden. Wichtig ist, auf eine Wiedereinstiegsgarantie für die alte Position zu achten.

Wie sagt man es am besten seinem Chef? Auf ein Gespräch sollte man sich gut vorbereiten und neben den eigenen Wünschen versuchen, sich auch in die Position der Firma zu versetzen. Welchen Nutzen bringt eine Auszeit der Firma? Wer übernimmt die eigene Arbeit? Gutes **Timing** ist für ein erfolgreiches Gespräch wichtig, z. B. nach einem abgeschlossenen Projekt.

Kündigung

Es kann selbst gekündigt werden, man kann sich aber auch kündigen lassen. Beides ist, falls nicht im Arbeitsvertrag geregelt, an gesetzliche **Kündigungsfristen** gebunden. Den Schritt zur Kündigung sollte man sich natürlich gewissenhaft überlegen. Eine Alternative ist ein **Aufhebungsvertrag,** in den beide Parteien einwilligen. In beiden Fällen sollte man einen sauberen Abgang anstreben und die Firma nicht im Streit verlassen. Denn schließlich möchte man seine Auszeit nicht durch gerichtliche Auseinandersetzungen gefährden. Man hat sowohl Anspruch auf den **Resturlaub,** in Zeit oder Geld, als auch auf ein Arbeitszeugnis, aber nur, wenn man darum bittet. Man sollte darauf achten, kein einfaches, sondern ein ↗**qualifiziertes Arbeitszeugnis** zu erhalten.

Qualifiziertes Arbeitszeugnis
Neben Art und Dauer der Beschäftigung enthält es Angaben über die Fähigkeiten des Arbeitnehmers. Seine erbrachten Leistungen, Initiative, Belastbarkeit, Engagement und Verhalten gegenüber Vorgesetzten und Kollegen werden beurteilt.

Bundesagentur für Arbeit

Wer aus einem Beschäftigungsverhältnis durch Kündigung, Aufhebungsvertrag oder Auslaufen des Arbeitsvertrages ausscheidet, sollte mit der staatlichen Bundesagentur für Arbeit abklären, ob, wie lange und in welcher Höhe Anspruch auf ↗**Arbeitslosengeld** besteht.

Wer Arbeitslosengeld erhält, ist automatisch sozialversichert. Wer durch eigene Kündigung mit einer **Sperrzeit** bedacht wurde, hat bis zu zwölf Wochen keinen Anspruch. Des Weiteren verringern sich auf die Anwartschaftszeit anrechenbare Arbeitszeit und Anspruchsdauer um die Tage der Sperrzeit. Der Anspruch fängt frühestens mit dem Tag der Arbeitslosmeldung an und nicht mit dem Beginn der Arbeitslosigkeit. Während des **Auslandsaufenthaltes** hat man keinen Anspruch auf Arbeitslosengeld, da man in dieser Zeit nicht vermittelbar ist. Vor der Ausreise und bei Rückkehr kann der Anspruch einem Sorgen um eventuelle Sozialversicherungsprobleme nehmen und man erhält Unterstützung, sowohl finanziell als auch bei der Arbeitsplatzsuche. Bei einer Abwesenheit von mehr als sechs Wochen erfolgt die Weiterzahlung der Leistung erst nach erneuter persönlicher Arbeitslosmeldung. Da es bei diesen Regelungen zu Änderungen kommen kann, sollte man den eigenen Fall konkret mit dem **Arbeitsberater** besprechen.

Arbeitslosengeld

Anspruch auf Arbeitslosengeld *hat, wer arbeitslos ist und sich persönlich arbeitslos meldet und die Anwartschaftszeit erfüllt. Erfüllt ist die* ***Anwartschaftszeit,*** *wenn man in den letzten zwei Jahren (Neuregelung gültig ab 01.02.2006, vorher drei Jahre) vor Arbeitslosmeldung und der eingetretenen Arbeitslosigkeit mindestens zwölf Monate versicherungspflichtig angestellt war. Die* ***Anspruchsdauer*** *von 6–18 Monaten hängt davon ab, wie lange man innerhalb der letzten drei Jahre versicherungspflichtig angestellt war. Die* ***Höhe*** *richtet sich nach dem Gehalt der letzten versicherungspflichtigen Beschäftigung, der Lohnsteuerklasse und der Anzahl der Kinder.*

Informationen

- ***Bundesagentur für Arbeit,*** *www.arbeitsagentur.de*
- ***SGB III,*** *FAQ zum Arbeitslosengeld, www.olaf-nensel.de/sgbiii/faq/alg/index.html*

Finanzierung

Lebenshaltungskosten

> **Minimum**
> *Ein einzuplanendes Minimum sind 5000 ¥ (Yen), 35-40 € pro Tag bei Übernachtung in einer Jugendherberge und Essen aus dem Supermarkt. Teure Zugfahrten und ausgiebige Kulturbesichtigungen sind noch nicht enthalten.*

Japan gilt als eines der teuersten Länder der Erde. Das trifft wegen der hohen Bevölkerungsdichte besonders auf Mietkosten in Großstadtregionen wie Tôkyô und Ôsaka zu.

Ansonsten unterscheidet sich Japan aufgrund des derzeit recht starken Euro nur unwesentlich vom zu Hause **gewohnten Preisniveau.** Reisekosten mit dem *Shinkansen,* dem japanischen Hochgeschwindigkeitszug, sind mit denen des deutschen ICE vergleichbar. Übernachtungskosten in Hotels und Jugendherbergen bewegen sich in ähnlichen Regionen wie in Deutschland. Auswärts essen zu gehen ist aufgrund des vielfältigeren Angebotes durchaus preiswerter. Kosten für Kultur, Museen und Kinos sind etwas höher.

Shinkansen - der japanische ICE

009jp Abb.: rb

Monatliche Kosten

Pauschale Angaben sind immer mit Vorsicht zu genießen. Trotzdem hier als Beispiel die Ausgaben eines fiktiven Studenten. Größere Unternehmungen, eventuelle Studiengebühren und anfänglich höhere Belastungen sind nicht enthalten! Die monatlichen Kosten addieren sich zu 150.000 ¥, etwa 1050-1100 €.

- *Unterkunft inkl. Nebenkosten: 60.000 ¥ (430 €)*
- *Lebensmittel: 30.000 ¥ (215 €)*
- *Transport: 20.000 ¥ (145 €)*
- *Ausbildungsbedarf: 10.000 ¥ (75 €)*
- *Sonstiges: 30.000 ¥ (215 €)*

Ein Praktikant oder Angestellter, der auf günstige Unterkunftsmöglichkeiten der Bildungseinrichtung nicht zurückgreifen und aufgrund langer Arbeitszeiten die Mahlzeiten meist nicht selbst zubereiten kann, sondern oft auswärts essen gehen wird, sollte 50.000-100.000 ¥ (350-750 €) pro Monat zusätzlich einplanen.

Wer für **längere Zeit** in Japan bleiben möchte, hat individuell verschieden eine höhere finanzielle Belastung einzuplanen. Diese Kosten betreffen den Versand von Gepäck, Anreise, Anfangsformalitäten, Unterkunftssuche und Anmietung (s. S. 117), Möbel, elektrische Geräte, z. B. Reiskocher, Telefon, etc. Man sollte nicht jeden Cent verplanen, sondern ein Polster für ungeplante Unternehmungen und Notfälle wie Krankheit und Arztbesuche lassen.

Preise in Geschäften sind oft in netto ausgeschildert. Die **Mehrwertsteuer** beträgt geringe 5 %. In den ausgesprochen gut bestückten 100-Yen-Shops kostet so jeder Artikel 105 ¥ (0,75 €).

Stipendien

Einen Auslandsaufenthalt vorzubereiten und zu finanzieren, kann eine ganze Menge Nerven und Geld kosten. Es gibt Organisationen und Stiftungen, die sowohl bei der Vorbereitung als auch finanziell behilflich sind. Um ein Stipendium zu erhalten, ist eine Bewerbung bei der entsprechenden Organisation notwendig. Neben einer zielgerichteten Beschreibung des „Wieso, weshalb, warum?“ man nach Japan möchte, sind meist gute Zeugnisse und Empfehlungsschreiben notwendig. Von deutscher Seite unterstützt der **Deutsche Akademische Austauschdienst** (DAAD) Studienaufenthalte in Japan.

Das bekannteste japanische Stipendienprogramm wird vom „Ministerium für Erziehung, Kultur, Sport, Wissenschaft und Technik“, dem **Monbukagakushô** (文部科学省) vergeben. Stipendien betragen monatlich 139.200 ¥ (990 €) für ein Studium bzw. 180.300 ¥ (1290 €) für eine Forschungsstelle.

Stipendienprogramme

- ***Japanische Botschaft,*** *www.botschaft-japan.de/austausch/austausch.html*
- ***DAAD,*** *www.daad.de*
- ***Monbukagakushô,*** *www.mext.go.jp (jap. und engl.)*

Versicherungen

Es sollte grundsätzlich überprüft werden, ob **beim Schadensfall im Ausland Versicherungsschutz** besteht. In den meisten Fällen müssen weitere Versicherungen abgeschlossen werden. Das betrifft vorrangig die Krankenversicherung. Wer einen längeren Aufenthalt plant, wird schon aus finanziellen Gründen über ruhende Weiterführung oder Kündigung seiner heimischen, für den Auslandsaufenthalt nicht notwendigen Versicherungen nachdenken.

Vergleichen der Versicherungsangebote

Da der Leistungsumfang von Versicherung zu Versicherung unterschiedlich ist, hilft nur Vergleichen und das genaue Lesen des Kleingedruckten. Man sollte den in den meisten Versicherungsbriefen enthaltenen Paragraphen „Ausschlüsse oder keine Leistungspflicht besteht bei“ genau studieren, damit es keine späteren Überraschungen gibt. Und: Die billigste Versicherung ist nicht immer die günstigste!

Auslandskrankenversicherung

Sowohl gesetzliche als auch private Krankenversicherungen (KV) decken meist nicht die Behandlungskosten im außereuropäischen Ausland ab. Für gesetzlich und freiwillig Versicherte ist eine gesonderte **private Auslandskrankenversicherung** erforderlich. Bereits privat Versicherte können mit ihrer Versicherungsgesellschaft klären, ob eine Ausdehnung des Versicherungsschutzes auf Japan möglich ist oder ebenfalls eine gesonderte abgeschlossen werden muss, beispielsweise wenn ein Krankentransport vor Ort, Krankenhausaufenthalt oder ein Rücktransport nicht übernommen wird.

Vorsicht bei der Dauer des Versicherungsschutzes!
Die üblichen preiswerten Auslandsreise-Krankenversicherungen sind Jahrespolicen, die zwar ein Jahr lang gelten, aber nur für ein paar Wochen Versicherungsschutz bieten. Ärztliche Behandlung und Medikamente, die aufgrund einer bereits bestehenden Erkrankung erforderlich werden, sind von den Leistungen ausgeschlossen. Im Falle einer vor der Ausreise eingetretenen Schwangerschaft werden die Kosten der Geburt nicht übernommen.

Wenn man nicht genau weiß, wie lange man auf Reisen sein wird, sollte man vorab klären, ob eine **Verlängerung der Auslandskrankenversicherung** während der Reise möglich ist. In der Regel kann man einmal verlängern bzw. bietet die Versicherung dann eine Umstellung in einen anderen Tarif an.

Unterbricht man den Auslandsaufenthalt und kehrt schwerkrank zurück, beinhalten einige Versicherungen eine **Nachversicherungspflicht** für maximal drei Monate. Anschließend muss eine heimische Krankenversicherung vorhanden sein, um nicht auf den Kosten sitzen zu bleiben.

Wer in Japan arbeiten wird, sollte mit dem Arbeitgeber klären, ob der Abschluss einer eigenen Reisekrankenversicherung notwendig ist oder ob vom ersten Tag der Reise eine Angestellten-Krankenversicherung besteht.

Kranken- und Pflegeversicherung

Wer **gesetzlich krankenversichert** ist und von seiner Firma für den Auslandsaufenthalt bezahlten Urlaub mit fortbestehendem Versicherungsschutz bekommt, kann dieses Kapitel getrost auslassen. Bei unbezahltem Langzeiturlaub oder der Beendigung eines Arbeitsverhältnisses endet der Versicherungsschutz maximal einen Monat später, in dem Krankenkassen noch eine Nachversicherungspflicht haben. Ab dem zweiten Monat müsste man sich freiwillig weiterversichern. Da man für den Japanaufenthalt eine Auslandskrankenversicherung abschließt, ist ein Fortbestehen der heimischen Krankenversicherung zu den normalen Konditionen meist nicht erforderlich. Vor einem vorschnellen Austritt aus Kostengründen muss jedoch gewarnt werden. Der oft bei Austritt versprochene „problemlose Wiedereinstieg" kann unerwartete Folgen haben, denn der Abschluss einer freiwilligen Weiterversicherung in der gesetzlichen Krankenversicherung ist nur bis maximal drei Monate nach Austritt möglich. Wer nach der Rückkehr nicht versicherungspflichtig wird, z.B. Selbstständige, Arbeitslose ohne Geldansprüche, Arbeitnehmer mit Einkommen über der Beitragsbemessungsgrenze und Arbeitnehmer über 55 Jahre, dem bleibt der Wiedereinstieg oft verwehrt.

Informationen

- ***Verband der privaten Krankenversicherung e. V.*** *(PKV), Bayenthalgürtel 26, 50968 Köln, Tel. 0221 376620, Fax 3766210, info@pkv.de, www.pkv.de*
- *Eine auf längerfristige Auslandskrankenversicherungen spezialisierte Gesellschaft ist die* ***Deutsche Krankenversicherung,*** *www.dkv.com.*

Fast alle Krankenkassen bieten aber eine **Mitgliedschaft mit ruhendem Leistungsanspruch** an. Diese kostet meist den gesetzlichen Mindestbeitrag von derzeit ca. 35 €. Wer eine solche nicht abgeschlossen hat, nicht versicherungspflichtig ist und bereits länger als drei Monate ausgetreten ist, kann sich nur privat versichern und bei unfallbedingter Rückkehr kann das unbezahlbar werden.

In Bezug auf die **Pflegeversicherung** ist ebenso eine ruhende Mitgliedschaft in Betracht zu ziehen. Werden die Beitragszahlungen und damit der Pflegeversicherungsschutz unterbrochen, gibt es bei Wiedereintritt eine Wartezeit, bevor wieder Leistungen in Anspruch genommen werden können.

Anwartschaftsversicherung (AWV)
Die Anwartschaftsversicherung bewirkt, dass bei Zugrundelegung des jetzigen Alters und/oder des Gesundheitszustandes ein bestimmter Versicherungsschutz zu einem späteren Zeitpunkt zugesichert wird. Eine AWV wahrt also Rechte in Zeiten, in denen der Versicherte keinen Anspruch auf Leistungen hat oder diese nicht benötigt. Bei Abschluss ist darauf zu achten, dass eine Übernahme garantiert ist und es keine Ausschlüsse oder unkalkulierbare Risikozuschläge gibt.

Für **privat Versicherte** bieten sich **↗Anwartschaftsversicherungen** an. Wer dies nicht möchte, muss seine Versicherung selbst kündigen. Das gilt auch für freiwillig Versicherte in der gesetzlichen Krankenversicherung.

Die Frage nach Kündigung oder Weiterführung des bestehenden Versicherungsverhältnisses muss jeder für sich selber beantworten und auch wissen, was sein Geldbeutel hergibt.

- **Deutsche Verbindungsstelle Krankenversicherung – Ausland** (auch zuständig für Pflegeversicherung), Pennefeldsweg 12 c, 53177 Bonn, Tel. 0228 95300, Fax 9530600, www.dvka.de

Wiedereinstieg nach Trennung
Auch bei einer Trennung kann der Wiedereinstieg des unterhaltsberechtigten Partners in die gesetzliche Krankenversicherung versagt bleiben, wenn zuvor eine private Krankenversicherung bestand.

Rentenversicherung

Wer während seines Auslandsaufenthaltes nicht über seinen Arbeitgeber zu Hause rentenversichert ist, kann nur **selbst vorsorgen.** Ob man aber weiter in die Rentenkasse den vollen Beitrag, Arbeitnehmer- *und* Arbeitgeberanteil einzahlt oder – um Geld zu sparen – nur den Mindestbeitrag oder das Geld lieber anders anlegt, z. B. in privaten Rentenversicherungen oder Sparanlagen, ist eine Mentalitätsfrage. Wer mehr Informationen wünscht, wendet sich an die Beratungsstellen des Versicherungsträgers oder berufsständischer Versorgungswerke.

Wer bereits eine **private Rentenversicherung** hat und über Stundung der Beiträge nachdenkt, muss den Nachteil einer deutlich geringeren Ablaufleistung in Kauf nehmen.

Informationen
www.deutsche-rentenversicherung.de
→ Versicherungsträger

Lebensversicherung

Viele haben als Altersvorsorge eine **Kapitallebensversicherung** abgeschlossen. Durch die hohen Beiträge kann man schnell in finanzielle Engpässe gelangen. Bei einer Kündigung in den ersten 15 Jahren ist der Rückkaufswert meist noch sehr gering. Eine Stundung der Beiträge oder ein Ruhenlassen des Vertrages verringert die Ablaufleistung erheblich. Darüberhinaus gibt es Möglichkeiten, um am Beitragssatz nachträglich noch einiges zu verändern und meist doppelt zu sparen.

Wer statt monatlicher auf **jährliche Zahlung** umsteigt, kann ca. 5 % sparen und sich zusätzlich noch über eine höhere Ablaufleistung freuen.

Ein **Vertrag mit Dynamik** gewährleistet, dass der Versicherungsschutz ohne erneute Gesundheitsprüfung stetig erhöht wird. Ein klarer Vorteil, für den man aber ständig höhere Beiträge zahlt. Nach jeder Erhöhung hat man in der Regel das Recht, die nächsten ein oder zwei Erhöhungen abzulehnen, ohne die Dynamik ganz zu verlieren.

Mit einer Unfalltod-Zusatzversicherung hat man meist den schlechteren Hinterbliebenenschutz gewählt, besser wäre eine meist billigere **Risikolebensversicherung.** Den zusätzlichen Unfalltodschutz der Kapitallebensversicherung kann man dann kündigen, die Beiträge sparen und sich auch hier wieder über eine höhere Rendite freuen.

Hausratversicherung

Wer seine Wohnung untervermietet, sollte mit der Versicherung über **eventuelle Änderungen in der Versicherungspolice** sprechen. Bei Wohnungsauflösung dagegen kann die Versicherung gekündigt werden. Wer dafür anderswo Stauraum anmietet, z. B. einen Dachboden, sollte über eine eventuelle Absicherung nachdenken. Gleiches gilt beim Umzug zu Bekannten. Wessen und welche Versicherung für Schäden aufkommt, sollte geklärt werden, bevor etwas passiert!

Unfall-, Haftpflicht- und Reisegepäckversicherung

Der Abschluss einer normalen, üblicherweise weltweiten **Unfallversicherung** ist oft günstiger als ein spezielles Angebot nur für den Auslandsaufenthalt. Man sollte sich informieren, welche Risiken versichert sind und ob auch die Lieblingssportart ein- und nicht ausgeschlossen ist.

Auch **Haftpflichtversicherungen** gibt es üblicherweise mit weltweitem Versicherungsschutz für unterschiedliche Aufenthaltsdauer. Manchmal kann der weltweite Schutz eingeschränkt sein, z. B. bei Sachschäden. Wer unsicher ist, fragt am besten seinen Versicherungsvertreter.

Wer sein Gepäck gegen Schäden versichern möchte, dem wird meist eine **Reisegepäckversicherung** angeboten. Dabei sollte man zuerst prüfen, ob nicht vielleicht im Rahmen eines Außenversicherungsschutzes als

Recherchieren und informieren

Am informativsten sind Broschüren der gewählten Versicherungen, in denen verschiedene Versicherungsstufen verglichen werden. So kann man schnell herausfinden, welche Bausteine in welchem Paket enthalten sind. Wenn Unklarheiten bezüglich des Leistungsumfangs verschiedener Versicherungsgesellschaften bestehen, einfach einen unabhängigen Versicherungsmakler fragen.

Bestandteil der Hausratversicherung dieses bereits versichert ist. Allerdings wird nicht jedes Risiko abgedeckt sein und insbesondere teure technische Ausrüstung wie Foto- oder Videokamera sind oft nicht eingeschlossen. Unter welchen Umständen man im Schadensfall dem Vorwurf der Fahrlässigkeit ausgesetzt sein kann, sollte ebenso vorher geklärt werden.

Einige Versicherungsgesellschaften bieten **Rund-um-Pakete** an, die mehrere Versicherungen beinhalten, z. B. Kranken-, Unfall-, Haftpflicht-, Reisegepäck- und Rechtsschutzversicherung. Was wie ein Schnäppchen anmutet und besonders für Organisationsmuffel bequem erscheint, ist in vielen Fällen eine unausgewogene Sache. In einigen Bereichen mag eine Doppelversicherung entstehen, in anderen dagegen eine Unterversicherung. Einzelne, kombinierbare Bausteine unterschiedlichen Umfangs sind da oft die bessere Alternative.

▼ Kyôto-Tempel – ein Platz der Stille und Harmonie

010jp Abb.: mr

011jp Abb.: rb

▶ *Skyline von Tôkyô-Shinbashi* (新橋)

Reisevorbereitung

Japanische Sprache

Kommunikationsbarrieren

Japanisch ist eine schwierige Sprache, jedoch erlernbar, wie viele in Japan lebende Ausländer beweisen. Mit **Englisch** kommt man manchmal weiter, aber nicht immer. Selbst in Tôkyô trifft man verhältnismäßig wenige Japaner, die fließend Englisch sprechen. Viele verstehen Englisch gut, sprechen jedoch nur gebrochen. Aber selbst bei Verständigungsschwierigkeiten sind **Japaner sehr hilfsbereit** und versuchen, dennoch eine Lösung zu finden. Man sollte Zeit mitbringen und wird dann oft Erstaunliches erleben.

Nicht alle Kommunikationsprobleme sind jedoch automatisch auf fehlende Sprachkenntnisse zurückzuführen. In Europa wird vieles anders gemacht und so sind es manchmal die eigenen Vorstellungen, die zum Unverständnis beitragen. Man sollte nicht immer alles an den eigenen gewohnten Maßstäben messen, sondern versuchen, das Vorgefundene **ohne Vorurteile zu beobachten.** Wer auf andere Ansichten eingehen kann, wird mehr Positives erleben als derjenige, der versucht, das Land nach seinen Vorstellungen zu ändern. Rücksicht zu nehmen und **kompromissfähig zu sein,** ist in Japan sehr wichtig. Man wird während eines zeitlich begrenzten Aufenthaltes nicht alles verstehen können. Man kann jedoch versuchen, **möglichst viel zu erfahren.**

Literaturtipp
„KulturSchock Japan" von Martin Lutterjohann, Reise Know-How Verlag, Bielefeld. Der praktische Kulturführer, um Japaner und ihr Verhalten besser zu verstehen.

Sprache lernen

Vor der Reise etwas Japanisch zu lernen, ist sehr zu empfehlen. Das kann eigenständig oder durch Sprachkurse erfolgen. **Volkshochschulen** und Sprachinstitute bieten verschiedene Kurse an. Kurz-

► Harry Potter auf Japanisch

Wie finde ich ein gutes Sprachlehrbuch? *Selbstlernmaterialien sind in unterschiedlichem Umfang erhältlich. Man geht am besten zuerst in eine Bibliothek oder eine Buchhandlung und schaut sich verschiedene Lehrbücher an. Wenn die Auswahl gering ist, kann man in der Buchhandlung eventuell weitere Bücher zur Ansicht ohne Kaufverpflichtung bestellen.*

- *z. B. „Japanisch im Sauseschritt" Lehrbücher und Internet Vokabeltrainer, www.sauseschritt.com*

fristige, aber nicht ganz billige dreiwöchige Intensiv-Kurse werden vom **Landesspracheninstitut Nordrhein-Westfalen (LSI-NRW)** angeboten. Von Japanologie-Fakultäten der Universitäten werden oft allgemein zugängliche und weitaus billigere Sommersprachkurse veranstaltet. Für die Reise selbst eignen sich kleine und handliche Wörterbücher oder Sprachführer.

Literaturtipp
„Kauderwelsch, Japanisch – Wort für Wort" von M. Lutterjohann, Reise Know-How Verlag, Bielefeld. Der Reisesprachführer ermöglicht Verständigung ohne Lernstress.

Reisevorbereitung

012jp Abb.: rb

- **LSI-NRW,** Postfach 101565, 44715 Bochum, www.lsi-nrw.de; **LSI-NRW Japonicum,** Stiepeler Str. 129, 44801 Bochum, Tel. 0234 43879515, Fax 43879555, japonicum@lsi-nrw.de

Hiragana, Katakana, Kanji (ひらがな、カタカナ、漢字)

Kanji

Kanji sind chinesischen Ursprungs und werden seit ca. 1600 Jahren in Japan verwendet. Das erste Zeichen 漢 (kan) repräsentiert unter anderem die chinesische Han-Dynastie, 字 (ji) steht für „Zeichen". Kanji gibt es Tausende, allerdings sind ca. 2000 für das Verständnis der meisten geschriebenen Texte ausreichend. Da kanji oft mehrere Lesarten haben, stehen neben bzw. über dem kanji oft kleinere hiragana, so genannte furigana (振り仮名).

Die moderne japanische Schriftsprache besteht aus einer Kombination von **drei Zeichensystemen,** den Lautschriften *hiragana* und *katakana* sowie den Bild- oder Sinnzeichen *kanji.* In der Kapitelüberschrift wurden alle drei verwendet. ↗**Kanji** drücken die Grundbedeutung eines Wortes aus, egal ob Substantiv, Verb, Adjektiv oder Adverb. Nachfolgende *hiragana* sind grammatikalische Ergänzungen. *Katakana* werden vorwiegend zur Schreibung neuerer, zumeist englischer Fremdwörter verwendet.

013jp Abb.: rb

▶ *Namenstäfelchen in einem Tempel*

In **hiragana** (平仮名) und **katakana** (片仮名) gibt es jeweils 46 Zeichen, die aus Vereinfachungen der *kanji* entwickelt wurden. Da es Lautzeichen sind, könnte man mit diesen bereits alles schreiben. Aufgrund der Vielzahl gleich und ähnlich klingender Wörter sind *kanji* für ein leichteres Verständnis jedoch sehr hilfreich. Die Lautumschrift mit lateinischen Buchstaben wird **rômaji** (ローマ字, „römische Zeichen") genannt.

▼ *(w)i und (w)e werden im modernen Japanisch nicht mehr benutzt*

50-Laute-Tafel (五十音, gojûon)

Transkription nach Hepburn

	a	*ka*	*sa*	*ta*	*na*	*ha*	*ma*	*ya*	*ra*	*wa*	*n*
	i	*ki*	*shi*	*chi*	*ni*	*hi*	*mi*		*ri*	*(w)i*	
	u	*ku*	*su*	*tsu*	*nu*	*fu*	*mu*	*yu*	*ru*		
	e	*ke*	*se*	*te*	*ne*	*he*	*me*		*re*	*(w)e*	
	o	*ko*	*so*	*to*	*no*	*ho*	*mo*	*yo*	*ro*	*(w)o*	

Hiragana

		k	*s*	*t*	*n*	*h*	*m*	*y*	*r*	*w*	*n*
a	あ	か	さ	た	な	は	ま	や	ら	わ	ん
i	い	き	し	ち	に	ひ	み		り	(ゐ)	
u	う	く	す	つ	ぬ	ふ	む	ゆ	る		
e	え	け	せ	て	ね	へ	め		れ	(ゑ)	
o	お	こ	そ	と	の	ほ	も	よ	ろ	を	

Katakana

		k	*s*	*t*	*n*	*h*	*m*	*y*	*r*	*w*	*n*
a	ア	カ	サ	タ	ナ	ハ	マ	ヤ	ラ	ワ	ン
i	イ	キ	シ	チ	ニ	ヒ	ミ		リ	(ヰ)	
u	ウ	ク	ス	ツ	ヌ	フ	ム	ユ	ル		
e	エ	ケ	セ	テ	ネ	ヘ	メ		レ	(ヱ)	
o	オ	コ	ソ	ト	ノ	ホ	モ	ヨ	ロ	ヲ	

Handhelds

Handhelds oder PDAs (Personal Digital Assistant) sind kleine, handliche Organizer, deren Texteingabe zumeist durch Schreiben im Eingabefeld mit einem Stift erfolgt. Mit oft kostenlos erhältlichen, im Internet zu findenden Programmen eignen sie sich gut zum Schriftzeichen lernen, z. B. Sharp Zaurus, http://zaurus.biojapan.de/zaufaq.html.

Internet als Lehrer, Wörterbuch und Lesehilfe

Die Fülle an Websites rund um Japan und die japanische Sprache ist schier gewaltig. Die nachfolgenden Links sind nur eine kleine Auswahl.

- **Nihongo4u,** Japanisch lernen für Kinder, www.nihongo4u.de
- **WaDokuJT,** Wörterbuch, http://bunmei7.hus.osaka-u.ac.jp
- **WWWJDIC,** *kanji*-Lexikon und Wörterbuch, www.csse.monash.edu.au/~jwb/wwwjdic.html (engl.)
- **Reading Tutor,** Übersetzungshilfe, http://language.tiu.ac.jp/index_g.html
- **Rikai.com,** Anzeige von Websites mit erklärenden Fenstern, www.rikai.com/perl/Home.pl (jap. und engl.)
- **NHK World,** Japanischkurs in 21 Sprachen, www.nhk.or.jp/lesson
- **MIT OpenCourseWare,** umfangreiche, engl. Kursunterlagen, http://ocw.mit.edu/OcwWeb/Foreign-Languages-and-Literatures/index.htm
- **Japanese-Online.com,** Lektionen mit Dialogen, www.japanese-online.com (engl.)

Mozilla Firefox und Moji

Wer den Firefox von Mozilla als Webbrowser benutzt, der kann sich mit Moji ein integrierbares Übersetzungstool herunterladen, funktioniert auf Windows, Mac und Linux: www.mozilla.org, http://moji.mozdev.org

- **KanjiQuick,** *kanji*-Lexikon, www.kanji.de/KanjiQuick_d.html
- **PenPen,** Vokabeltrainer mit vielen Vokabel-Dateien, www.din1031.de/japan/penpen
- **Yookoso,** Lernhilfen und Mailinglisten, www.yookoso.com

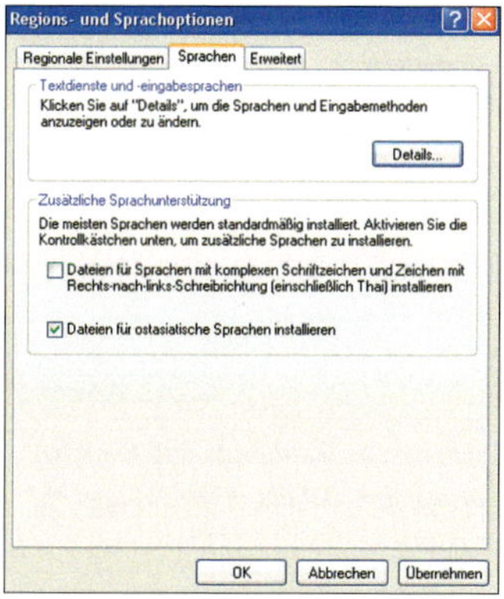

▲ *Screen 1: „Dateien für ostasiatische Sprachen installieren" auswählen*

▲ *Screen 2: Textdienste und Eingabesprachen → Details → Hinzufügen*

Mein Computer „spricht" Japanisch

Damit auf dem eigenen Computer überhaupt japanische Schriftzeichen eingegeben und angezeigt werden können, muss das Betriebssystem den japanischen Zeichensatz unterstützen. Wer eines der **neueren Betriebssysteme** wie Windows 2000, Windows XP oder Mac OS X einsetzt, der hat es einfach. Die Sprachunterstützung ist bereits fest eingebaut und muss lediglich aktiviert werden.

Windows: Start → Systemsteuerung → Regions- und Sprachoptionen/Ländereinstellungen → Sprachen:

1. „Dateien für ostasiatische Sprachen installieren" auswählen (Screen 1.),

2. Textdienste und Eingabesprachen → Details → Hinzufügen (Screen 2.) → Japanisch (Screen 3.). Bei „Eingabegebietsschemaleiste..." → „...auf dem Desktop anzeigen" aktivieren (Screen 4). Auf dieser Leiste kann dann zwischen Deutsch und Japanisch gewechselt werden. Im Eingabemodus Japanisch kann unter

Screen 3

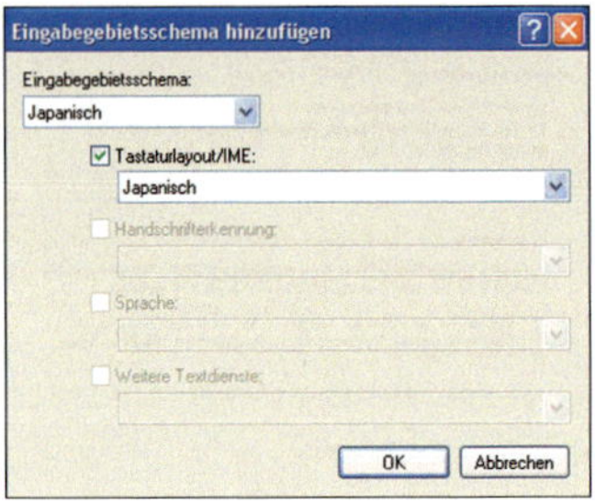

▲ *Screen 3: Textdienste und Eingabesprachen ➞ Details ➞ Hinzufügen ➞ Japanisch*

Screen 4

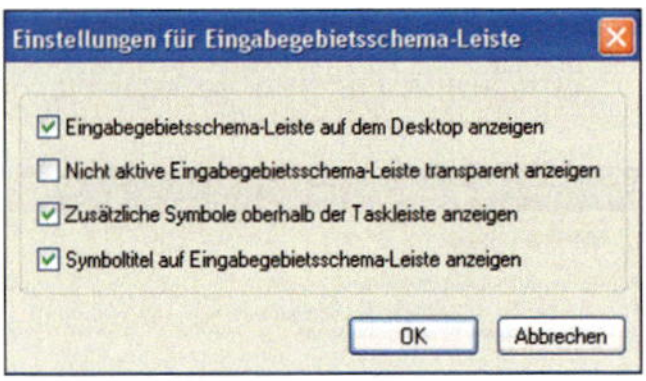

▲ *Screen 4: Bei „Eingabegebietsschemaleiste ...“ ➞ „... auf dem Desktop anzeigen“ aktivieren*

Screen 5

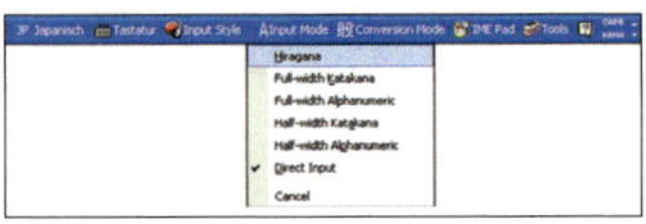

▲ *Screen 5: Im Eingabemodus Japanisch kann unter „Input-Mode“ zwischen katakana und hiragana gewählt werden*

„Input-Mode“ zwischen *katakana* und *hiragana* gewählt werden. *Kanji* erhält man durch Eingabe von *hiragana* und dem Betätigen der Leertaste.

Mac OS X: Systemeinstellungen (Screen 6.) ➞ Landeseinstellungen (Screen 7.) ➞ Tastaturmenü:

1. „Japanische Kana-Palette“ aktivieren (Screen 8.),
2. „Kotoeri“ mit gewünschten Unterpunkten *hiragana, katakana* und *romaji.* (Screen 9) Dann „Tastaturmenü in der Menüleiste anzeigen“ aktivieren. Die Zeichensätze können per Klick auf das entsprechende Icon in der Menüleiste umgeschaltet werden.

Für ältere Versionen wie **Windows 98** muss eine separate Texteingabe installiert werden.

- Microsoft Global IME for Japanese (engl.), www.microsoft.com/windows/ie/downloads/recommended/ime/default.mspx

Viele ältere Programme können die komplizierten Schriftzeichen nicht darstellen. Wer komfortabler mit den Schriftzeichen arbeiten möchte, dem stehen eine Reihe kostenlos erhältlicher Programme zur Verfügung:

- **JWPce,** Textverarbeitung und Wörterbuch für Windows und Handhelds, www.physics.ucla.edu/~grosenth/jwpce.html

- **OpenOffice.org,** kostenlose Textverarbeitung und Tabellenkalkulation, ähnlich Microsoft Office, unterstützt das Schreiben von *furigana*, http://de.openoffice.org

Zum Anzeigen japanischsprachiger **Websites** können der Internet Explorer ab Version 4, der Netscape Navigator ab Version 4 oder Mozilla benutzt werden. Wer nach Aktivierung der japanischen Sprachunterstützung nur sonderbare Zeichen im Browserfenster oder in E-Mail-Programmen wie Microsofts Outlook sieht, muss die Codierung der Website umschalten.

- Browsermenü: Ansicht ➞ Codierung ➞ Japanisch

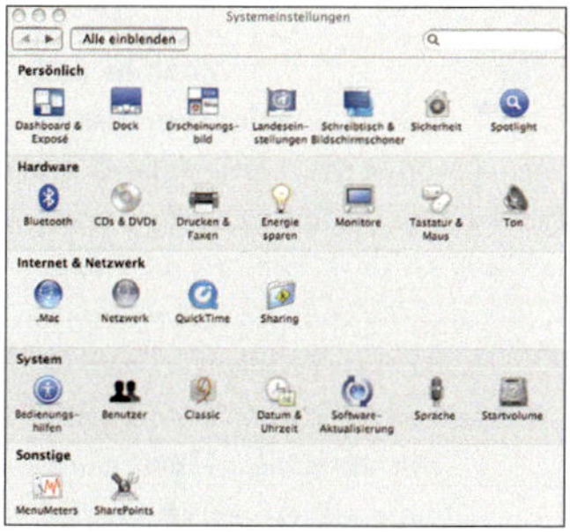

Screen 6

▲ *Screen 6: Systemeinstellungen*

▶ *Screen 7: Systemeinstellungen ➞ Landeseinstellungen*

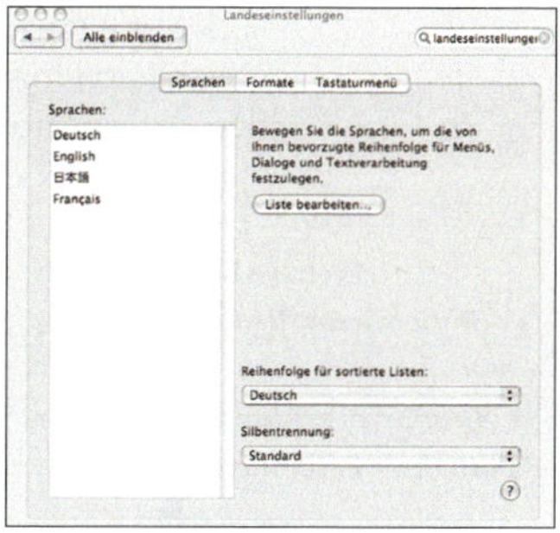

Screen 7

▼ *Screen 8: Tastaturmenü: „Japanische Kana-Palette" aktivieren*

Screen 8

▼ *Screen 9: Unterpunkte hiragana, katakana und romaji*

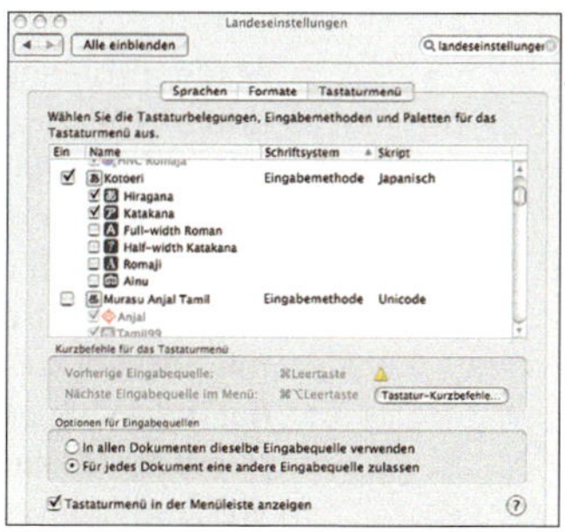

Screen 9

Reisevorbereitung

Vitamin- und Mineralpräparate

Bedingt durch das ungewohnte Klima (schwülheiß im Sommer, sehr trocken im Winter) in Verbindung mit Klima- und Heizanlagen treten Grippe, Husten oder Halsbeschwerden bei Reisenden häufig auf. Die Mitnahme von stärkenden Vitamin- und Mineralpräparaten ist sinnvoll.

Gesundheit

Für Japan müssen keine besonderen medizinischen Vorkehrungen getroffen werden, das Land ist malariafrei. Grundsätzlich sollte jeder eine alle zehn Jahre zu erneuernde Tetanus- und Diphterie-, sowie Polioschutzimpfung haben. Wer sicher gehen möchte, kann sich gegen Hepatitis impfen lassen, was allerdings nicht ganz billig ist. Auf kleineren Inseln im Süden soll Japanenzephalitis vorkommen, auch dagegen kann man sich impfen lassen. Auskunft und den **internationalen Impfausweis** gibt es beim Hausarzt oder einem Tropeninstitut.

Weitere Informationen

- ***Centrum für Reisemedizin,*** *www.crm.de*
- ***Bundesvereinigung Deutscher Apothekerverbände,*** *www.aponet.de/ vorsorge/reise/index.html*
- ***AMR-Reiseapotheke,*** *www.amr-outdoorwelt.de/Service/Reise-Apotheke.htm*

Wer regelmäßig Medikamente einnimmt, sollte einen ausreichenden Vorrat mitnehmen, um nicht in Japan auf andere Präparate umsteigen zu müssen. Die Zusammensetzungen können auch bei gleichnamigen Präparaten unterschiedlich und daher gesundheitsgefährdend sein! Eine **Reiseapotheke** mit den üblichen Medikamenten gegen Durchfall und Magenprobleme (das einfachste ist medizinische Kohle), Fieber und Schmerzen, Pflaster, eine Binde, Wunddesinfektionsmittel, ein Fieberthermometer usw. ist immer sinnvoll. Wenn man seinem Hausarzt begeistert von den Reiseplänen erzählt, bekommt man vielleicht das eine oder andere Probenpaket mit auf die Reise. Wer noch keinen **Nothilfepass** hat, lässt sich einen ausstellen und gleich komplett durchchecken. Eine **Zahnuntersuchung** und ggf. -behandlung vor der Ausreise ist empfehlenswert.

060jp Abb.: rb

Ab- und Ummeldungen

Inwieweit Ab- bzw. Ummeldungen erforderlich werden, sollte jeder genau prüfen. Bei einem Aufenthalt von ein paar Wochen mag der Organisationsaufwand noch höher sein, als das am Ende gesparte Geld. Bei einem Jahresaufenthalt lohnt es sich dagegen in den allermeisten Fällen.

▲ *Das Schloss von Himeji (姫路城, himeji-jô)*

Abonnements

Neben Zeitungen und Zeitschriften sind auch Mitgliedschaften, z. B. in einem Fitness-Studio zu berücksichtigen. Ein Blick auf Kontoauszüge hilft, alle unnötigen Kostenquellen aufzuspüren. Während Zeitungen und Zeitschriften meist fristlos gekündigt werden können, sind bei anderen Mitgliedschaften die in den Vertragsunterlagen enthaltenen **Kündigungsfristen** bindend. Manchmal reicht schon eine Vertragsunterbrechung für den Zeitraum des Auslandsaufenthaltes.

Handlungsliste

Damit man den Überblick behält, empfiehlt sich, gleich in der Anfangsphase des Unternehmens Japan eine Liste mit den Handlungszeiträumen zu erstellen, Ausreise minus soundsoviel Monate davor als Frist.

Radio und Fernseher

Wer Radio bzw. Fernseher angemeldet hat, kann die Geräte getrost abmelden. Ein längerer Auslandsaufenthalt wird als Grund anstandslos akzeptiert. Das geht **befristet** für einen festgelegten Zeitraum, als auch **unbefristet,** falls der Zeitpunkt der Rückkehr noch nicht feststeht. Die Abmeldung wird zum Monatsende wirksam. Man sollte unbedingt angeben, dass die Geräte von keinem anderen genutzt werden, ansonsten erhält man meist einen Antwortbrief mit eben dieser Frage. Entsprechende Formulare erhält man von der **Gebühreneinzugszentrale (GEZ),** ein formloses Schreiben reicht ebenfalls aus.

Gebühreneinzugszentrale
50656 Köln,
www.gez.de

Wer ganz auf neue Medien setzt, sollte bei **shiftTV** vorbeischauen. In einer Online-Programmzeitschrift kann man aus ca. zehn deutschsprachigen Programmen Sendungen auswählen, die dann aufgezeichnet und in eine Video-Datei umgewandelt werden. Später kann man die Dateien runterladen und auf dem eigenen Computer anschauen.

Das funktioniert, wo immer eine schnelle Internetverbindung zur Verfügung steht, also auch in Japan. Das Angebot kostet ca. 10 € pro Monat.

- www.shift.tv

Post

Damit bei Abwesenheit der Briefkasten nicht aus allen Nähten platzt, kann man den **Lagerservice** der Post nutzen. Da immer mal ein wichtiger Brief dabei sein kann, der einer baldigen Beantwortung bedarf, empfiehlt sich bei längerem Aufenthalt dagegen der **Nachsendeservice** an eine Kontaktperson. Darüber hinaus sollte man wichtigen Institutionen die neue Adresse rechtzeitig mitteilen. Der Lagerservice der Deutschen Post kostet zurzeit 7,80 € für einen Monat und 9,80 € für drei, der Nachsendeservice 14,80 € für sechs Monate und 24,80 € für 12 Monate.

Deutsche Post
www.efiliale.de

Bank

Wer bereits **Online-Banking** nutzt, kann dieses auch von Japan aus tun. Dabei wird mit der persönlichen PIN-Nummer und einer für jede Transaktion nur einmal zu benutzenden TAN-Nummer ein hohes Maß an Datensicherheit gewährleistet. Bei einigen Banken verringern sich die Gebühren, wenn man umsteigt. Es gibt auch reine Online-Banken, meist mit allem Service einer herkömmlichen Bank, der jedoch nur über das Internet nutzbar ist. Besondere Vorsicht mit persönlichen Daten sollte man in Internet-Cafés walten lassen!

Informationen des Bankenverbandes
www.bankenverband.de/index.asp?channel=901010

Desweiteren gibt es **Telefon-Banking:** Aufträge können per Anruf bei der Bank erledigt werden. Wer diesen Service nutzen möchte, sollte sich nach den Sprechzeiten, man beachte die Zeitverschiebung, und den Gebühren der Servicenummern erkundigen. Eine weitere Möglichkeit ist, einer Vertrauensperson eine **Vollmacht** für das Bankkonto auszustellen. Damit ist diese dann bevollmächtigt, die Bankgeschäfte zu regeln. Bei Umzug ist der Bank unbedingt die neue Adresse mitzuteilen!

Wohnung

Es gibt mehrere Möglichkeiten: leer stehen lassen, untervermieten oder ausziehen und seine Sachen woanders unterstellen. **Leer stehen lassen** ist sicherlich die teuerste Variante, aber auch da kann gespart werden. Zunächst sollte man über Abmeldung von Telefon, Radio und Fernseher nachdenken. Die Zähler für Strom, Gas und Wasser kann man ablesen und abrechnen lassen und vielleicht eine geringere Pauschale heraushandeln. Wenn es möglich ist, kann auch die Müllabfuhr abgemeldet werden.

Dem Vermieter sollte der Zeitraum der Abwesenheit und eine Kontaktadresse mitgeteilt werden.

Beim **Untervermieten** sinken die eigenen Kosten und abgemeldet werden muss nichts. Wichtig ist das Einverständnis des Vermieters. Da die Wohnung nicht leer steht, werden weniger Diebe angelockt, die Blumen gegossen, der Schnee geschippt ... In jeder größeren Stadt gibt es Mitwohnzentralen, die Untermieter vermitteln. Man sollte vor Schlüsselübergabe eine Inventarliste der Wohnungsausstattung erstellen, alles schriftlich in

Brauche ich wirklich alles?
Die baldige Abwesenheit sollte man zum ***Entrümpeln*** *benutzen, einiges kann man sogar noch zu Geld in Secondhand-Läden oder bei eBay (www.ebay.de) machen. Wer eine längere Zeit ohne die geliebte Was-auch-immer-Sammlung, ohne CDs und Videos ausgekommen ist, der wird die Dinge auch bei Rückkehr nicht als lebensnotwendig erachten. Verschenken an Freunde und Spenden sind weitere Möglichkeiten.*

einem Untermietvertrag festhalten und darauf achten, dass der Untermieter eine Haftpflichtversicherung hat.

- **Mitwohnzentrale,** www.mitwohnzentrale.de, Tel. (jeweilige Ortsvorwahl) 19430, E-Mail: (jeweilige Stadt)@mitwohnzentrale.de

Ausziehen ist sicherlich die aufwendigste Methode und nur bei langer Abwesenheit zu empfehlen. Man spart die Mietkosten, hat aber mit Umziehen, der Suche nach Unterstellmöglichkeiten für seine Habseligkeiten und Wohnungssuche bei Rückkehr einen höheren Organisationsaufwand einzuplanen. Wer nicht unbedingt wieder in der gleichen Stadt leben möchte, für den lohnt es sich am ehesten. So ist man flexibel und hat, wenn man nach der Rückkehr vorläufig bei Eltern oder Freunden unterkommen kann, keine hohen laufenden Kosten. Für die rechtzeitige Kündigung des Mietvertrages achte man auf die Kündigungsfristen.

Umzugs- und Ummeldetipps
www.ummelden.de

Telefon

Eine **Abmeldung bzw. Ummeldung** auf einen neuen Nutzer ist unter Beachtung von Kündigungsfristen bei einem Telefonanschluss der Deutschen Telekom kostenlos. Es reicht ein formloses Schreiben mit Angabe von Name, Anschrift, Rufnummer, Kundennummer, Tag der Ab- bzw. Ummeldung und Unterschrift. Noch einfacher geht es in einem nahegelegenen T-Punkt-Laden. Die Gebühren für eine **Neuanmeldung** von etwa 60 € sollte man gegenrechnen.

Deutsche Telekom
www.telekom.de

Wer einen Telefonanschluss eines anderen Anbieters nutzt, sollte sich dort genau über die An- und Abmeldeformalitäten und Fristen erkundigen. Das Gleiche gilt auch für **Internet-Provider** und einen eventuell vorhandenen **DSL-Anschluss.**

Auto und Motorrad

Je nach Dauer des Japanaufenthaltes kann man Auto und Motorrad abmelden oder verkaufen. Ein **Verkauf** wird die Reisekasse gleich mehrfach aufbessern, denn auch bei Stilllegung kostet ein fahrbarer Untersatz Geld. Erstens, er verliert an Wert. Zweitens, eine Garage anzumieten kostet Geld, wäre aber notwendig. **Abgemeldete Fahrzeuge,** die auf öffentlichen Parkplätzen stehen, werden – wenn nicht von Unbekannten demoliert – von der Polizei konfisziert und bei der Rückkehr gibt es eine saftige Rechnung. Drittens, man spart Versicherung und Steuern.

Wer sein Auto oder Motorrad behalten möchte, kann bei der Versicherung vielleicht einen verminderten Beitragssatz oder eine **Ruheversicherung** (nur gegen Diebstahl, Brand, Hagel und Sturmschäden) aushandeln. Man kann das Fahrzeug auch einer **Vertrauensperson** überlassen. Dazu sollte die Versicherungslage wegen möglicher Unfälle und Schäden genau geklärt werden.

▼ *Was tun mit dem geliebten Gefährt?*

015jp Abb.: rb

Absicherung

Damit man mit ruhigem Gewissen losfahren kann, sollten die letzten **Vorkehrungen** getroffen und die neuesten Meldungen abgerufen werden.

Kontaktperson

Man sollte einen Menschen seines Vertrauens als Kontaktperson instruieren. Diese Person sollte Zugriff auf wichtige Unterlagen wie Versicherungsverträge und Bankunterlagen haben. Auch Kopien der Reisedokumente sollte man übergeben. An die Adresse der Kontaktperson sollte der Nachsendeauftrag der Post gerichtet werden. Für Fälle, in denen ein persönliches Erscheinen notwendig wird, kann man dieser Person **Vollmachten** ausstellen. Entweder man schickt diese kurzfristig aus Japan ab oder bereitet sie blanko mit Unterschrift schon vor der Abreise vor.

Wer niemandem diese Aufgabe zutraut oder damit belasten will, kann sich gegen Bezahlung professioneller Hilfe in Form eines **Reiseservices** bedienen. Der Leistungsumfang reicht bis zum zumailen eingescannter Post und Wohnungsreinigung bei Rückkehr.

- z. B. www.ausstieg-auf-zeit-service.de

Informationen der Regierungen

Hier erfährt man Aktuelles zur Sicherheit im Reiseland und kann sich über Einreisebestimmungen informieren.

- ***Auswärtiges Amt der Bundesrepublik Deutschland,*** *www.auswaertiges-amt.de*
- ***Außenministerium der Republik Österreich,*** *www.bmaa.gv.at*
- ***Eidgenössisches Departement für auswärtige Angelegenheiten der Schweiz,*** *www.eda.admin.ch*

Ausweis, Dokumente und Geld

Ausweis und Dokumente

Das wichtigste Dokument ist ein **Reisepass,** der mindestens bis zum geplanten Ende der Reise Gültigkeit besitzen sollte. Wer Student ist, kann sich einen **internationalen Studentenausweis** (ISIC) an seiner Hochschule besorgen und bereits beim Kauf eines Flugtickets sparen. Wer in Jugendherbergen nächtigen möchte, benötigt einen **Jugendherbergsausweis** (s. S. 120). Des Weiteren sind benötigte Versicherungspolicen mitzunehmen.

Von allen wichtigen Dokumenten und einer ↗**Dokumentenliste** sollten Kopien angefertigt werden. Im Reisegepäck sollten sie fern von den Originalen aufbewahrt werden. Ein Satz sollte bei der Kontaktperson hinterlegt werden. Man kann einen Scan dieser Seiten im E-Mail-Postfach, sozusagen im eigenen **Dokumentenspeicher** hinterlegen und von unterwegs darauf zugreifen. Dazu schickt man die Daten als E-Mail-Anhang an seine Adresse.

Dokumentenliste

Sie enthält alle wichtigen Daten, wie z. B.

- ❑ *Ausweisnummern, Ausstellungsort und Gültigkeit*
- ❑ *Bankverbindungen, Adressen der Geldinstitute, Sperrnotrufnummer*
- ❑ *Geldkartennummern, Geheimzahlen höchstens verschlüsselt, z. B. in einer Telefonnummer (Benutzt man die Karte der heimischen Bank lange nicht, ist diese Gedankenstütze hilfreich.)*
- ❑ *Nummern der Travellerschecks, Notrufnummer*
- ❑ *Versicherungspolicennummern, Adressen der Versicherungsinstitute*
- ❑ *Flugscheinnummern, Adresse der Fluggesellschaft*
- ❑ *Telefonnummern für Notfälle*

Bargeld (お金, o-kane)

Die japanische Währung ist **Yen** (円, *en*), das internationale Währungszeichen ¥. Es gibt **Banknoten** in den Werten 1000, 2000, 5000 und 10.000 ¥; **Münzen** haben die Werte 1, 5 (mit Loch), 10, 50 (mit Loch), 100 und 500 ¥. Die 2000 ¥ Banknote ist selten, da sie von fast allen Automaten, z. B. für Fahrkarten, nicht akzeptiert wird. In Geschäften und Restaurants wird in der Regel bar bezahlt. Ende 2004 wurden neue Banknoten eingeführt, alte sind selten geworden, aber manchmal noch anzutreffen.

EC-/Maestro-Geldkarte

Wer eine EC-/Maestro-Karte besitzt, kann auch in Japan Bargeld abheben. Bei den zahlreich vorhandenen Geldautomaten der Postämter und der Citibank steht **„International ATM Service"** auf dem Automaten, andere japanische Banken akzeptieren EC/Maestro in der Regel nicht. Die Bedienung der Geldautomaten kann auf Englisch umgeschaltet werden. Die Höhe der Gebühren richtet sich nach dem heimischen Geldinstitut. Große Summen abzuheben ist in Japan ungefährlich und meist billiger als oft und wenig. Wer ein Girokonto bei der

016jp Abb.: rb

▲ *Japanische Geldscheine*

017jp Abb.: rb

▲ *Japanische Münzen*

Geldautomaten der Citibank
- *www.citibank.com/locations/ap/jp/jp/jp.htm*
- *www.citibank.co.jp/en/shpatm/al001a_index.html*

Citibank besitzt, kann weltweit ohne Gebühren an Citibank-Geldautomaten abheben.

Reiseschecks

Reiseschecks und ausländische Währungen kann man in Banken in japanisches Bargeld umtauschen. Nicht alle Banken haben Geldwechselstellen, aber jede Bank kennt die nächstgelegene Möglichkeit. An solchen Banken steht meist **Foreign Exchange Bank** („Geldwechselbank") an der Eingangstür. Es werden Reiseschecks in Yen, Dollar und Euro akzeptiert. Welche Währung besser ist, hängt von persönlichen Reiseplänen ab. Reiseschecks in Yen bekommt man gebührenfrei umgetauscht und entgeht Währungsschwankungen, die Finanzen sind somit besser kontrollierbar. Wer außer Japan noch weitere Länder bereisen möchte, dem sind eher Dollar-Reiseschecks zu empfehlen.

018jp Abb.: rb

▲ *So sieht ein Geldautomat aus, die Karte (カード, kâdo) wird rechts hineingeschoben*

Kreditkarte

Obwohl die Akzeptanz von Kreditkarten zunimmt, wird **viel mit Bargeld bezahlt.** Dies liegt sicherlich an der Sicherheit im Lande und den entsprechend größeren Summen, die Japaner bei sich haben. Die gebräuchlichste internationale Kreditkarte ist **VISA,** gefolgt von American Express und Mastercard.

In einigen Geschäften kann es vorkommen, dass nur japanische Karten akzeptiert werden.

Wer noch keine Kreditkarte besitzt, sollte darüber nachdenken, sich eine zu besorgen. Um in **Notfällen,** wenn man mehr Geld braucht als eigentlich zur

Verfügung steht, z.B. bei Krankheit, schnell an Geld zu kommen, kann eine Kreditkarte hilfreich sein. Dafür eignet sich zwar auch der Dispositionskredit des Girokontos, der ist aber bei vielen Banken an einen regelmäßigen Geldeingang gebunden. Kreditrahmen und Dispositionskredit sollten allerdings nicht in die Finanzplanung mit einbezogen werden, da es wie bei einem Kredit üblich nur geborgtes Geld ist.

Notfallnummern bei Verlust von Geldkarten

- *SOS-Infopass mit wichtigen Nummern, www.kartensicherheit.de*
- *Sperr-Notruf: 116116 (in Deutschland), +49 116116 (international), www.sperr-notruf.de*
- *EC-/Maestro-Karte: +49 (0) 1805 021021*
- *VISA: 0800 8149100 (in Deutschland), 00531 111555 (in Japan), +1 41 05813836 (international), www.visa.de*
- *Mastercard: 0800 8191040 (in Deutschland), 00531 113886 (in Japan), +1 63 67227111 (international), www.mastercard.com*
- *VISA, Mastercard: +49 (0) 69 79331910*
- *American Express: +49 (0) 69 97977777*
- *Banken in der Schweiz: www.box24.ch/public/polizei/sperrnr.wct*

Anreise

Flugzeug

Die komfortabelsten, schnellsten und meist etwas teureren Verbindungen zwischen Europa und Japan sind **Direktflüge.** Wen Umsteigen nicht stört, der fliegt billiger, z.B. mit Cathay Pacific über Hongkong. Wer Zeit hat, kann am Umsteigeflughafen einen mehrtägigen **Stopover** einlegen, fliegt erst ein paar Tage später weiter und kann so noch ein weiteres Land kennen lernen. Wer einen **Gabelflug** bucht, Ankunft z.B. in Tôkyô und Rückflug von Ôsaka, kann bei einer ausgedehnten Landestour die Rückreise zum Flughafen abkürzen. **Flugtickets** haben in der Regel eine festgelegte maximale Gültigkeitsdauer von

Fluggesellschaft

*Für eventuelle Umbuchungen und die **Rückflugbestätigung** einige Tage vor Abflug sollte man sich gleich beim Ticketkauf die heimische und ausländische Telefonnummer bzw. E-Mail-Adresse der Fluggesellschaft nennen lassen. Hauptbüros befinden sich meist direkt am Flughafen.*

019jp Abb.: rb

▶ *Bis Japan sind es ein paar Stunden*

Literaturtipp
„Clever buchen, besser fliegen" von Erich Witschi, Reise Know-How Verlag, Bielefeld. Wie man für weniger Geld „mehr Flug" bekommt, Alles über das Fluggepäck, Richtig Reklamieren, Stopover - übernachten in DeLuxe-Hotels zum Minipreis etc.

einem bzw. drei Monaten bis zu einem Jahr, innerhalb der die Flüge meist gegen Zahlung einer Gebühr umgebucht werden können. Mit den etwas teureren, ein Jahr gültigen Tickets ist das Umbuchen bis ca. 72 Stunden vor Abflug meist unbegrenzt oft und kostenlos möglich. Wer noch keinen festen Plan hat, sollte über ein **Open-Ticket** nachdenken, bei dem man sich beim Kauf noch auf kein Flugdatum festlegt.

Mit einem **Round-The-World-Ticket** fliegt man nicht wie sonst üblich die gleiche Strecke hin und zurück, sondern setzt die Reise in der gleichen Richtung fort, fliegt also „um die ganze Welt". Diese Tickets sind eine gute Gelegenheit, mehrere Länder anzufliegen, meist zwei bis drei. Studenten können bei Vorlage eines internationalen Studentenausweises (ISIC) bei fast allen Fluggesellschaften einen günstigeren **Studententarif** buchen. Flüge beginnen bei ca. 700–800 €.

Schiff

Reedereien mit Frachtverkehr
www.freightworld.com ➞ Maritime

Eine Schiffsreise ist ein einzigartiges, aber auch langwieriges Erlebnis. Da es zwischen Europa und Japan keine Linienverbindungen mit Passagierschiffen gibt, sollte man sehr viel Zeit, ca. zwei bis drei Monate einplanen. Es gibt gelegentlich die Möglichkeit, an Bord eines entsprechend ausgerüsteten Frachters zu reisen. Dies sind in der Regel Trampschiffe ohne vorab festgelegten Streckenplan. Man fragt am besten bei Reedereien oder direkt im Hafen bei den Kapitänen an.

Transsibirische Eisenbahn

Den besonderen Hauch einer exotischen Anreise besitzt eine Eisenbahnreise durchs ferne Sibirien. Mit der Transsibirischen Eisenbahn fährt man von **Russlands** Hauptstadt Moskau in ca. sieben Tagen ins 9300 km entfernte Wladiwostok, von wo aus man mit der Fähre nach Japan übersetzen kann. Alternativ kann man von Moskau in ca. sechs Tagen nach Peking fahren. Fährverbindungen nach Japan gibt es von **China, Taiwan** und **Südkorea** aus. Das selbstständige Organisieren einer solchen Anreise ist möglich, bedeutet aber einen großen Aufwand. Für die Beschaffung der benötigten Visa, besonders für Russland, sollte man mehrere Monate einplanen. Wer mit einem Touren-Anbieter bucht, spart sich die Unannehmlichkeiten, da diese auch die Visa-Beschaffung übernehmen. Preiswerter als ein Flug wird die Anreise mit der Eisenbahn aber nicht.

Offizielle Website der Transsib
http://eng.www.express-2.ru (engl. und russ.)

Literaturtipp
„Transsib" von Doris Knop, Reise Know-How Verlag, Bielefeld. Alle reisepraktischen Informationen inkl. Miniguide Moskau.

Reisegepäck

Da die meisten mit dem Flugzeug anreisen, ist das **Gepäcklimit** meist bei 20 kg plus ca. 6 kg Handgepäck ausgereizt. Ob die Fluggesellschaft ein höheres, kostenfreies Limit erlaubt, sollte man nachfragen. Wer ein höheres Gepäcklimit für den Hinflug vereinbart hat, sollte sich erkundigen, ob dies auch für den Rückflug gilt. Das Überschreiten kann zu hohen Zusatzkosten führen, abgerechnet wird dann pro Kilo. Das Nachschicken per Post ist da um einiges preiswerter. Um Schwierigkeiten mit dem Zoll zu vermeiden, sollte dieses **unbegleitete Gepäck** auf einem bei der Einreise erhältlichen Formblatt deklariert werden. Man sollte dafür schon in Deutschland eine detaillierte englische oder japanische Inhaltsliste anfertigen, die dann bei der Einreise in Japan nur abgestempelt zu werden braucht.

Gepäckliste – damit nichts vergessen wird

- ❑ *Reisepass, Reisekrankenversicherung, Führerschein und Übersetzung, Japan Rail Pass (s. S. 106), Studentenausweis (ISIC), Jugendherbergsausweis*
- ❑ *Bargeld, Reiseschecks, EC-/Maestro-Karte, Kreditkarte*
- ❑ *Dokumentenliste*
- ❑ *einige Passbilder (für Ausweise o. Ä.)*
- ❑ *Toilettenartikel: Zahnbürste, Zahnpasta, Seife, Duschgel, Shampoo, Deo, Sonnenschutzcreme*
- ❑ *Hygieneartikel für die ersten Tage: Tampons, Binden, Kondome, Rasierapparat*
- ❑ *für Frauen: die Pille*
- ❑ *Brille, Ersatzbrille, Kontaktlinsen und Reinigungsflüssigkeit*
- ❑ *für Flug und Reisen: Nackenkissen, Ohrstöpsel*
- ❑ *Taschenmesser, Nadel und Faden (nicht im Handgepäck)*
- ❑ *Wecker bzw. Armbanduhr mit Weckfunktion*
- ❑ *Reiseapotheke*
- ❑ *Kamera und Filme*
- ❑ *Outdoor Ausstattung: Wanderschuhe, Zelt, Kompass, Sonnenbrille*
- ❑ *Schlafsack (in japanischen Wohnungen im Winter gut zu gebrauchen)*
- ❑ *kleines Fotoalbum mit Bildern von sich, Familie, Freunden und der Heimat (zum Zeigen)*

Kleidung

Im Allgemeinen wird in Japan viel Wert auf die äußere Erscheinung – Körperpflege und Kleidung – gelegt. Was an Kleidung gebraucht wird, hängt stark von den Tätigkeiten ab. In der Freizeit ist die Kleiderordnung frei. Wer dagegen in einem japanischen Unternehmen im Büro arbeiten möchte, kommt um das Tragen eines Anzuges bzw. eines Kostüms oder einer Rockkombination meist nicht herum. Selbst wenn Japaner sich ihr Erstaunen über legere Kleidung aus Höflichkeit dem Gast gegenüber nicht anmerken lassen, so wird dennoch ein entsprechendes Äußeres erwartet. Jeans sind keine angemessene Kleidung in einer Firma, außer evtl. in einer Werkhalle.

▲ Auch solcherart „Freizeitlook" ist anzutreffen, wochenends vor dem Yoyogi-Park in Tôkyô

Die größte Herausforderung bei einem längeren Aufenthalt ist, für alle Jahreszeiten Kleidung einzupacken. Formelle Kleidung sollte mitgenommen werden, legere Kleidung kann man auch in größeren Größen in Japan kaufen. Insbesondere Schuhe ab Größe 40 bei Frauen und Größe 43 bei Männern sind jedoch nur schwer erhältlich, also entweder einen ausreichenden Vorrat mitbringen oder per Post schicken lassen.

Damenschuhe

Japan	*23*	*23,5*	*24*	*24,5*	*25*	*25,5*	*26*
Europa	*36*	*37*	*38*	*38*	*39*	*39*	*40*

Herrenschuhe

Japan	*24,5*	*25,5*	*26*	*26,5*	*27,5*	*28*	*29*
Europa	*39*	*40*	*41*	*42*	*43*	*44*	*45*

Damenkleidung

Japan	*9*	*11*	*13*	*15*	*17*	*19*	*21*
Europa	*38*	*40*	*42*	*44*	*46*	*48*	*50*

Herrenkleidung

Japan	*S*	*S*	*M*	*M*	*M*	*L*	*LL/XL/O*
Europa	*44*	*46*	*48*	*50*	*52*	*54*	*56*

Wäsche waschen
Das ständige Verknoten der Wäsche kann man durch ein Waschnetz (洗濯ネット, sentaku-netto) vermeiden.

Um das **Waschen der Kleidung** kommt man bei einem längerem Aufenhalt nicht herum. Japanische Waschmaschinen waschen nur kalt, daher sind starke Waschmittel erforderlich, die empfindliche Kleidung leicht angreifen. Eine hilfreiche und recht kostengünstige Alternative im hektischen Berufsalltag sind Reinigungen (クリーニング屋, *kurîningu-ya*), in denen für 180–300 ¥ (1,30–2,20 €) Hemden gereinigt und gebügelt werden.

Stromspannung

Die Stromspannung in Japan beträgt 100 Volt Wechselstrom, die Netzfrequenz 50 Hz im Osten und 60 Hz im Westen. Stecker sind zweipolig und kleiner als bei uns üblich, ein **Adapter** ist daher auf jeden Fall erforderlich. Wer elektrische Geräte wie Computer oder Ladegerät für die Kamera mitnimmt, sollte darauf achten, dass diese Geräte entweder automatisch auf die niedrigere Netzspannung umschalten oder aber einen zusätzlichen Transformator mitnehmen.

Geschenke

Da Geschenke in Japan eine große Rolle spielen, ist es angeraten, eine Vielzahl von heimischen Spezialitäten einzupacken. Die Geschenke sind Zeichen

Mögliche Geschenke

- ❑ *Naschereien von Haribo, gibt es auch in der Familienpackung mit mehreren kleinen Tütchen*
- ❑ *kleine Schokoladengeschenke, z. B. von Lindt*
- ❑ *Bildbände mit Deutschland- oder Regionalfotografien, wenigstens engl. Erläuterungen*
- ❑ *schön gestaltete Postkarten aus der Heimat*
- ❑ *knuddelige Maskottchen – mit Kettchen ideal, um am Handy oder an der Tasche zu baumeln*
- ❑ *Teddybären besonders für Kinder, für Erwachsene sollten sie von der Firma Steiff sein*
- ❑ *Wein, wobei Japaner meist keine Weinkenner sind, drei Flaschen sind zollfrei erlaubt*
- ❑ *Wurst aus der Dose, z. B. Leberwurst; sauer eingelegtes Gemüse*
- ❑ *Stickereien und Platzdeckchen*
- ❑ *Wer die Hobbys seiner jap. Freunde kennt, kann vieles finden: Kataloge von Modellautos, Bücher über Porsche und Mercedes etc.*

▲ *Auf heimischen und auch japanischen Flohmärkten findet man so manches Andenken und Mitbringsel*

gegenseitiger Anerkennung und Wertschätzung (s. S. 82). Wenn es zudem regionale Besonderheiten sind, erzählen sie viel über den eigenen, für Japaner aber sehr fernen Kontinent.

Abschied

So langsam nähert sich die Vorbereitungszeit dem Ende. Wenn alles gut gelaufen ist, wird man am Ende nicht den Kopf verlieren. Es wird sicherlich immer mal wieder Momente geben, in denen man daran zweifelt, alles zu schaffen. Trotz all dem Stress sollte man zwischendurch einfach immer mal innehalten, durchatmen und glücklich sein. Schließlich bereitet man sich auf genau das vor, was man schon lange machen möchte (s. S. 14). Also am besten sich auf die kommenden Abenteuer freuen und Pläne schmieden.

Wer mit Freunden, Kollegen und Bekannten immer wieder darüber spricht, wie es mit der Japanplanung ausschaut, wird sicherlich auf viel Verständnis, aber auch Unverständnis stoßen. Das kann die eigenen Überlegungen stärken, es vor anderen, aber hauptsächlich vor sich selbst zu begründen. Wer Hilfe angeboten bekommt, sollte zugreifen. Schließlich werden ja alle Helfer mit Postkarten und Mitbringseln aus Japan entlohnt. Wer es schafft, eine **Abschiedsfeier** zu organisieren, der hat gleich mehrere Fliegen mit einer Klappe geschlagen: die Freunde noch mal sehen, sich zünftig verabschieden und seiner Freude über das Kommende Ausdruck verleihen.

Also dann, eine gute Reise (気を付けて, *ki o tsukete,* „Pass auf dich auf").

023jp Abb.: rb

▶ *Im Getümmel von Tôkyô-Harajuku (原宿)*

Land und Leute

Geographie

Japan ist ein **Inselstaat** im Pazifischen Ozean vor der Küste Ostasiens. In einem schmalen Bogen von ca. 3800 km Länge erstreckt sich die aus vielen tausend Inseln bestehende Inselkette über mehrere Breitengrade. Die meisten Inseln sind sehr klein und so verteilt sich ein Großteil des Landes auf die **vier Hauptinseln** Hokkaidô, Honshû, Shikoku und Kyûshû, sowie die Ryûkyû-Inselgruppe mit der Hauptinsel Okinawa. Die Fläche Japans entspricht in etwa der Deutschlands, jedoch sind drei Viertel des Landes unwegsame Bergregionen und die ca. 130 Mio. Menschen leben überwiegend in den Flachlandregionen, die sich wie ein schmales Band an den Küsten entlang schlängeln. Japans Nachbarstaaten sind Russland, China und Südkorea.

Klima und Jahreszeiten

Japan liegt überwiegend in einer **Zone mit gemäßigtem Klima,** jedoch ist aufgrund der Länge der Inselkette das Klima sehr unterschiedlich. Hinzu kommt der Einfluss von Winden, im Winter vom asiatischen Kontinent zum Meer, im Sommer vom Meer zum Kontinent.

Auf **Hokkaido** sind die schneereichen Winter kalt und lang, die Sommer recht kühl und kurz. Die Hauptinsel **Honshû** hat auf der nordwestlichen, dem Japanischen Meer zugewandten Seite ein anderes Klima als auf der südöstlichen Pazifikseite. Während im Winter der Nordwestwind starken Schneefall bringt, gibt es auf der Südostseite nur in bergigen, höheren Regionen Schnee. Selbst in **Tôkyô** kann es ein paar Tage schneien, jedoch sind die Temperaturen nur selten unter 0 °C. Ende des Frühlings im Juni setzt die Regenzeit (梅雨, *tsuyu*) ein.

024jp Abb.: rb

Im Sommer ist es im Südwesten heiß und durch die hohe Luftfeuchtigkeit unerträglich schwül, im Nordosten angenehm kühler. Ende Sommer ist die Zeit der Taifune (s. S. 75). Im **Süden Kyûshûs und auf Okinawa** herrscht dagegen subtropisches Klima, die Winter sind warm und die Sommer heiß mit starken Niederschlägen vor allem während der Regenzeit.

Wettervorhersage (engl.)
- *www.jma.go.jp/JMA_HP/en/yoho*

Beste Reisezeiten sind der Frühling (春, *haru*) und der Herbst (秋, *aki*) mit angenehm milden Temperaturen und wenig Niederschlägen. Im Frühjahr, wenn die Pflaumen- (梅, *ume*) und Kirschbäume (桜, *sakura*) blühen, nutzen viele Japaner das schöne Wetter und gehen spazieren, sitzen unter den blühenden Bäumen (花見, *hanami*, „Blütenschauen"), picknicken und feiern bis spät in die Nacht. Die Kirschblüte (桜, *sakura*) fängt im Süden des Landes Mitte März an, Anfang April ist sie in Tôkyô

▲ *Zur Kirschblüte ist ideale Reisezeit*

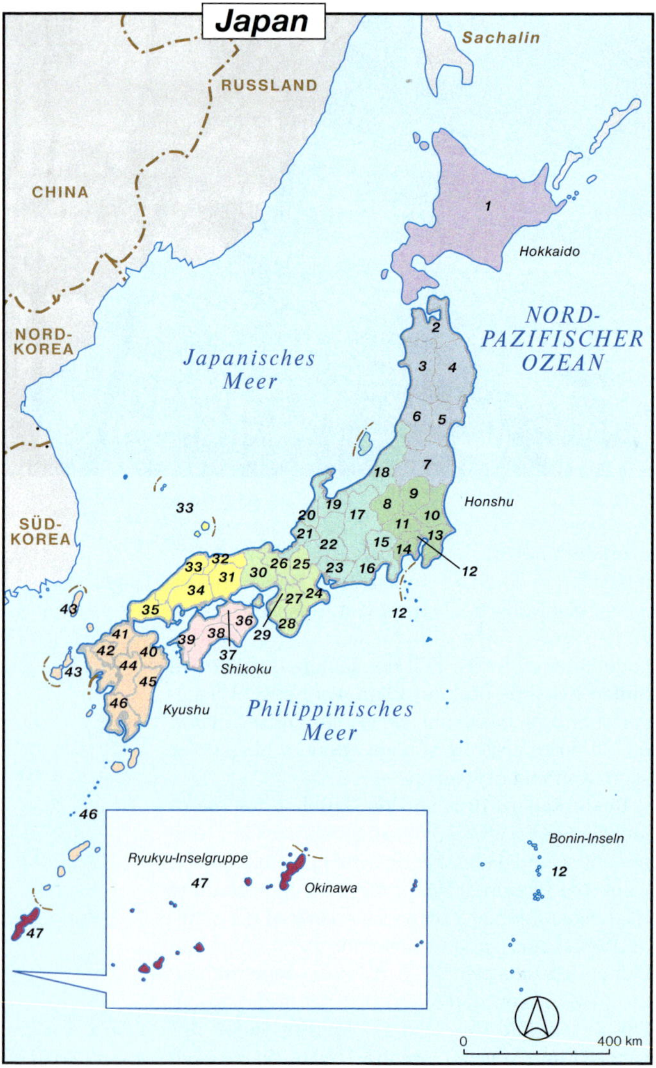
Japan
Sachalin
RUSSLAND
CHINA
NORD-KOREA
SÜD-KOREA
Japanisches Meer
NORD-PAZIFISCHER OZEAN
Hokkaido
Honshu
Shikoku
Kyushu
Philippinisches Meer
Ryukyu-Inselgruppe
Okinawa
Bonin-Inseln
1
2
3
4
5
6
7
8
9
10
11
12
13
14
15
16
17
18
19
20
21
22
23
24
25
26
27
28
29
30
31
32
33
34
35
36
37
38
39
40
41
42
43
44
45
46
47
0
400 km

Inseln, Regionen und Präfekturen

Insel Hokkaidô *(北海道) mit der Region und Präfektur*

1 Hokkaidô

Insel Honshû *(本州) mit den Regionen*

- ***Tôhoku*** *(東北) mit den Präfekturen*
  - *2 Aomori (青森)*
  - *3 Akita (秋田)*
  - *4 Iwate (岩手)*
  - *5 Miyagi (宮城)*
  - *6 Yamagata (山形)*
  - *7 Fukushima (福島)*
- ***Kantô*** *(関東) mit den Präfekturen*
  - *8 Gunma (群馬)*
  - *9 Tochigi (栃木)*
  - *10 Ibaraki (茨城)*
  - *11 Saitama (埼玉)*
  - *12 Tôkyô (東京)*
  - *13 Chiba (千葉)*
  - *14 Kanagawa (神奈川)*
- ***Chûbu*** *(中部) mit den Präfekturen*
  - *15 Yamanashi (山梨)*
  - *16 Shizuoka (静岡)*
  - *17 Nagano (長野)*
  - *18 Niigata (新潟)*
  - *19 Toyama (富山)*
  - *20 Ishikawa (石川)*
  - *21 Fukui (福井)*
  - *22 Gifu (岐阜)*
  - *23 Aichi (愛知)*
- ***Kansai*** *(関西) oder* ***Kinki*** *(近畿) mit den Präfekturen*
  - *24 Mie (三重)*
  - *25 Shiga (滋賀)*
  - *26 Kyôto (京都)*
  - *27 Nara (奈良)*
  - *28 Wakayama (和歌山)*
  - *29 Ôsaka (大阪)*
  - *30 Hyôgo (兵庫)*
- ***Chûgoku*** *(中国) mit den Präfekturen*
  - *31 Okayama (岡山)*
  - *32 Tottori (鳥取)*
  - *33 Shimane (島根)*
  - *34 Hiroshima (広島)*
  - *35 Yamaguchi (山口)*

Insel Shikoku *(四国) mit den Präfekturen*

36 Tokushima (徳島)
37 Kagawa (香川)
38 Kôchi (高知)
39 Ehime (愛媛)

Insel Kyûshû *(九州) mit den Präfekturen*

40 Ôita (大分)
41 Fukuoka (福岡)
42 Saga (佐賀)
43 Nagasaki (長崎)
44 Kumamoto (熊本)
45 Miyazaki (宮崎)
46 Kagoshima (鹿児島)

Insel Okinawa *(沖縄), Hauptinsel der Ryûkyû-(琉球-)Inselgruppe, mit der Präfektur*

47 Okinawa

und erst Anfang Mai erreicht sie Hokkaido. Im Herbst „wandert“ die Herbstlaubfärbung (紅葉, *kôyô*), in der besonders die Japanischen Ahornbäume (紅葉, *momiji*) in kräftigen Rot- und Gelbtönen schillern, von Hokkaido Ende September nach Tôkyô Ende Oktober und erreicht dann Kyûshû Ende November.

Naturkatastrophen

Naturereignisse sind in Japan etwas Alltägliches. Aufgrund der Lage am Rande zweier, sich aufeinander zu bewegender Kontinentalplatten gibt es z. B. fast täglich **Erdbeben** (地震, *jishin*). Diese sind meistens schwach und nur mit technischen Messgeräten nachweisbar. Zu einer Katastrophe werden nur die stärksten Beben, die über Hunderte von Kilometern spürbar sind. Zerstörungen wie in Kôbe 1995 sind

▼ *Die Auswirkungen des Erdbebens von 1995 sind nahezu beseitigt, hier auf Awajishima (淡路島), dem Zentrum des Bebens*

025jp Abb.:rb

aber die Ausnahme. Dennoch, Fluchtwegepläne in Gebäuden sollte man sich aufmerksam ansehen. In jeder Nachbarschaft gibt es Sammelplätze, nach denen man sich erkundigen sollte. Eine Vorhersage, wann ein katastrophales Beben auftritt, ist derzeit noch nicht möglich.

Ebenso haben **Vulkanausbrüche** (火山, *kazan,* Vulkan; 噴火, *funka,* Ausbruch) ihren Ursprung in der Plattentektonik des Landes. Kleinere Ausbrüche sind regelrechte Besuchermagnete.

Tsunamis (津波, *tsunami*) werden oft als Flutwellen bezeichnet, ihre Entstehung hat dagegen nichts mit den Gezeitenwechseln von Ebbe und Flut zu tun. Tatsächlich sind es Meereswogen, die durch Erdbeben auf dem Meeresgrund entstehen. Starke Tsunamis können weiträumige katastrophale Schäden verursachen. Noch im Gedächtnis wird sicherlich die Katastrophe im Indischen Ozean im Dezember 2004 sein, die mehrere Anrainerstaaten betraf.

Taifune (台風, *taifuu*) sind im Nordpazifik entstehende Wirbelstürme, die Richtung asiatischem Festland wandern und dabei auch Japan streifen. Schwere Schäden entstehen durch hohe Windgeschwindigkeiten und hohe Niederschläge in kurzer Zeit, die zu Überschwemmungen und Bergrutschen führen können. Taifune treten meist im Sommer bis Anfang Herbst auf.

Informationen

Japanischer Wetterdienst
mit Informationen zu Erdbeben, Vulkanausbrüchen, Tsunamis und Taifunen, www.jma.go.jp/jma/indexe.html (engl.)

Erdbeben,
www.hinet.bosai.go.jp (jap.)

Die Japaner

Was einem Reisenden sicherlich als erstes auffallen wird: Japaner, wie wohl alle Asiaten, lächeln fast immer. Ob als Verkäufer, als Gastgeber oder als Kunde, gegenüber anderen Japanern und gegenüber Ausländern. Unfreundliches Benehmen, starke Emotionsausbrüche wie Wut, Streitereien und auch lautes Gelächter wird man fast nie zu hören bekommen. Im Vergleich zu den Europäern und Amerikanern sind Japaner sehr um das Befinden des Anderen bemüht. In einem solchen gegenseitigen Abhängigkeits- und Achtungsverhältnis geziemt sich ein konfrontierendes Nein oder das sture Beharren auf der eigenen Meinung nicht. Auch eine simple Meinungsäußerung, geradeheraus und offen, ist keine typisch japanische Eigenschaft.

Dafür wird man als ortsunkundiger Reisender sicherlich erstaunlich **hilfsbereite Japaner** erleben können.

Erste Begegnung

Verbeugung

Stehend wird nur der Oberkörper nach vorne gebeugt. Die Hände verbleiben bei Männern an der Hosennaht, Frauen verschränken die Hände vor dem Körper. Je nach sozialem Status des Gegenübers ist die Verbeugung tiefer und länger. Eine Neigung von max. 45 Grad ist in etwa das richtige Maß. Die Form der Verbeugung leitet sich von Traditionen der Kriegerkaste (侍, samurai) ab und wurde ursprünglich kniend auf dem Boden ausgeführt.

Wenn man daheim jemanden begrüßt, gibt man in aller Regel die Hand. Die japanische Art sich zu grüßen ist dagegen die ↗**Verbeugung** (お辞儀, *o-jigi*). Auch als Ausdruck des Dankes, einer Entschuldigung oder zur Verabschiedung wird sich verbeugt. Von viel gereisten Japanern bekommt man gelegentlich die Hand zum Gruß angeboten, untereinander geben sie sich die Hände jedoch praktisch nie.

Es ist weniger die Selbstvorstellung als das **Vorgestelltwerden** üblich. Dadurch lässt sich vielleicht das Vorurteil, Japaner seien im Allgemeinen kontaktscheu, erklären. Man wird aber bestimmt Kinder erleben, die einen Ausländer beim Vorbeigehen mit einem Hallo ansprechen, dann kichern und später noch hinterherschauen. Von jüngeren Erwachsenen, die Englisch gut beherrschen, wird man ebenfalls als Ausländer gelegentlich angesprochen und nach dem Woher und Wohin gefragt.

026jp Abb.: rb

▲ *Deutsche Worte als Geschäftsnamen findet man häufig*

Japan und Deutschland

Die bilateralen Beziehungen sind äußerst positiv. Ein aktueller Höhepunkt ist „Deutschland in Japan 2005/2006" mit über 350 Veranstaltungen aus Wissenschaft, Kultur und Wirtschaft. Informationen gibt es auf der Website des Deutschland-Jahres: www.doitsu-nen.jp.

In Japan wird Deutschland als „Freund" gesehen. So erinnern sich besonders ältere Japaner an den für beide Seiten tragischen Zweiten Weltkrieg und äußern nicht selten Worte der Bewunderung für den Kampfesgeist der Deutschen, besonders im oft angestellten Vergleich mit Italien. Dies kann den Reisenden in Verlegenheit bringen, da hierzulande der Krieg nicht positiv gesehen wird. Wer in eine solche Situation verwickelt wird, sollte nicht barsch das Gegenteil behaupten. Man kann durch Zuhören viel über das Bild Deutschlands aus japanischer Sicht lernen. Auch junge Japaner haben eine positive Sicht auf Deutschland. Klassische Musik, große Konzerne besonders der Automobilbranche und deutscher Fußball sind weithin bekannt. Es gibt auch Vorurteile und Halbwahrheiten, z. B. dass Deutsche nur Bier trinken und Bratwurst essen. Einige deutsche Worte haben Eingang in die japanische Sprache gefunden, z. B. バウムクーヘン (baumukûhen, Baumkuchen), メルヘン (meruhen, Märchen) und アルバイト (arubaito, Teilzeitarbeit).

Das **gemeinsame Ausgehen** nach „getaner Arbeit" ist eine gute Gelegenheit, bei lockerer Atmosphäre mit Kollegen ins Gespräch zu kommen und sich anzufreunden. Initiative ist hierbei gefragt und wird auch „erwartet".

Visitenkarten (名刺, meishi)

Visitenkarten benutzen
Wem es schwer fällt, sich japanische Namen zu merken, kann während Sitzungen die Karten entsprechend der Sitzordnung vor sich auf den Tisch legen.

Wenn es sich um geschäftliche Kontakte handelt, werden Visitenkarten ausgetauscht, ebenfalls durch Verbeugungen begleitet. Auf diesen steht Name, Stellung innerhalb der Firma, Firmenname, -logo und -adresse. Vor dem Eintritt ins Berufsleben, z. B. unter Studenten, sind Visitenkarten unüblich. Praktisch sind zweiseitige Karten, auf einer Seite in Japanisch und auf der anderen Seite vorzugsweise in Englisch. Die Karte sollte dem Gegenüber lesbar, d.h. ohne sie umdrehen zu müssen, mit beiden Händen überreicht und ebenso die angebotene mit beiden Händen entgegengenommen werden. Eine erhaltene Karte sollte man „mit Respekt" behandeln, nach kurzem Ansehen wird sie in eine spezielle Visitenkartenbox getan, die auch die eigenen enthält. Geschäftsleute bewahren sie in speziellen Alben auf.

Essen (食べ物, tabemono)

Wegen des umgebenden Meeres ist **Fisch** (魚, *sakana*) einer der wichtigsten Bestandteile traditioneller japanischer Gerichte (日本料理, *nihon ryôri*), wird aber mittlerweile ergänzt durch viele Arten von Fleisch (肉, *niku*). Beilagen sind Miso-Suppe (味噌汁, *miso shiru*), Reis (ご飯, *gohan*), Gemüse (野菜, *yasai*) und sauer Eingelegtes (漬物, *tsukemono*). Ausländische Speisen, besonders asiatische wie das koreanische scharfe Gemüse *kimuchi* (キムチ), sind beliebt.

Vegetarische Restaurants in Tôkyô
http://metropolis.japantoday.com/tokyofeaturestoriesarchive299/293/tokyofeaturestoriesinc.htm

In Japan ist **vegetarisches Essen** kein sehr verbreiteter Trend, obwohl z. B. *tôfu* (豆腐) ursprünglich aus Japan kommt. So werden Vegetarier einige Probleme haben, taugliche Restaurants zu finden. Selbst in der einfachen Miso-

Suppe wird oft *dashi* (だし), eine aus Fisch hergestellte Paste verwendet. Für einige mag es ausreichen, „ohne Fleisch" (肉抜き, *niku nuki*) zu bestellen. Alternativen sind *izakaya* (居酒屋, „jap. Kneipe") und ironischerweise *yakiniku*-Restaurants (焼肉, gebr. Fleisch). In beiden kann man sich das Essen aus einer Vielzahl einzelner und eben auch vegetarischer kleiner Gerichte selbst zusammenstellen. Ein besonders üppiges vegetarisches Mahl erhält man bei einer Übernachtung in einem Tempel (s. S. 127).

027jp Abb.: rb

▲ *Moderne japanische Küche*

Tun und lassen

Japanisches Bad (お風呂, o-furo)

Das Sichwaschen im *o-furo* unterscheidet sich von gewohnter Körperpflege. Die Kleidung legt man im **Vorraum** ab. Im **Waschraum** setzt man sich auf einen Hocker und schrubbt sich gründlich mit Seife und einem großen Waschlappen (etwa wie ein kleines Handtuch) ab. Der Boden darf nass werden. Armaturen und Spiegel sind in sitzgerechter Höhe angebracht. Um Wasser zu sparen, benutzt man eine kleine Schüssel. Füße und Beine bequem im Sitzen zu waschen ist

Tätowierung und Piercing

Während Ohrlöcher bei Frauen heutzutage problemlos akzeptiert sind, werden Menschen mit Tätowierungen von vielen misstrauisch angeschaut. Piercings in anderen Körperteilen, vor allem im Gesicht, werden allgemein nicht toleriert. Bei einigen jungen Japanern kann man Tattoos entdecken, meist sind es jedoch abwaschbare Abziehbilder. In vielen Bädern und Schwimmbädern ist es Menschen mit Tätowierung ausdrücklich verboten, das Becken zu betreten.

sehr praktisch, man muss nicht auf dem anderen Bein balancieren. Nach gründlicher Reinigung und Abspülen, um alle Schaumreste zu entfernen, nimmt man **das eigentliche Bad.** Je nach Größe sitzt man alleine oder mit mehreren Menschen zusammen im heißen Wasser und lässt sich nach Belieben lange aufweichen. Beim Verlassen des Bades darf man das Wasser nicht ablaufen lassen. Letzter möglicher Fauxpas: Der Waschlappen bleibt am Rande liegen oder wird auf den Kopf getan, ohne mit dem Badewasser in Berührung zu kommen.

Bei Tisch

Schlürfen
Was einem auffallen dürfte, ist das Schlürfen beim Essen von Nudelsuppen. Bester Tipp: nicht wundern, einfach mitmachen.

Wenn man zum Essen eingeladen wird, ist das selten eine Einladung in die Wohnung, sondern fast immer eine **Einladung in ein Restaurant.** Japaner gehen sehr gerne in Gesellschaft Essen und Trinken, manche sogar täglich. Vor dem Essen bekommt man ein manchmal sehr heißes, aber immer nasses Tuch (お絞り, *o-shibori*), mit dem man sich die Hände reinigt.

Beim Essen mit **Stäbchen** (お箸, *o-hashi*) kann so mancher Fehler passieren. Man spießt nicht auf, denn Stäbchen sind keine Gabeln und nur Kinder

028jp Abb.: rb

▶ *Im Nudelsuppen-Stehimbiss bitte schlürfen*

machen dies. Auf andere Personen zu zeigen ist tabu. Beim Herausnehmen von Essen aus einer gemeinsamen Schale auf den eigenen Teller sollte man die Stäbchen umdrehen und es mit der unbenutzten Seite tun. Zwei Dinge sind absolut tabu: Stäbchen sollte man niemals in eine Schale Reis stecken und auch nicht Essen von Stäbchen zu Stäbchen weiterreichen! Beides sind buddhistische Todesrituale. Dagegen ist es erlaubt, die Schale Reis oder die Suppenschale vom Tisch aufzunehmen und zum Mund zu führen.

Schuhe im Haus

Beim Betreten eines Wohnhauses sowie in manchen Restaurants, Tempeln, Schreinen und anderen Gebäuden werden im Eingangsbereich (玄関, *genkan*) die Schuhe ausgezogen. Meist stehen **Hausschuhe** (スリッパ, *surippa*) bereit. Vor dem Betreten eines mit Binsenmatten (畳, *tatami*) ausgelegten Raumes müssen sie jedoch wieder ausgezogen werden, auf *tatami* wird **barfuss oder in Strümpfen** gelaufen. Auch in ↗**Toiletten** (トイレ, *toire*; お手洗い, *o-tearai*, „Handwaschraum"; 便所, *benjo*) stehen andere Schuhe bereit, vor dem Verlassen der Toilette nicht vergessen, diese wieder auszuziehen! Damit das ständige An- und Ausziehen nicht zur Qual wird, sollte man Schuhe mitnehmen, mit denen dies leicht möglich ist. Auch sollte man sich bewusst sein, dass nach dem Ausziehen eventuelle Löcher in den Strümpfen sofort zu Tage treten.

Japanische Toiletten

Traditionell handelt es sich um einfache Hocktoiletten, ursprüngliche Plumpsklos. Heutzutage sind es in den Boden eingelassene, längliche Toilettenschüsseln zum Drüberhocken. Toiletten „westlichen Stils" zum Draufsetzen sind Hightech-Geräte mit beheiztem Sitz, Bidet- und Po-Spülung. Die entsprechenden Tasten sind selbsterklärend. Manchmal findet man beide Arten nebeneinander. Behindertentoiletten sind grundsätzlich westlichen Stils. Öffentliche Toiletten gibt es viele und alle sind kostenlos, getrennt für Frauen (女, onna) und Männer (男, otoko).

Land und Leute

Bezahlen

Bezahlt wird in Restaurants ebenso wie in Geschäften an der **Kasse am Ausgang.** Dort gibt es meist eine kleine Schale, in die man Geld hineinlegt und in der man das Wechselgeld mit der Rechnung zurückbekommt. Falls diese fehlt, werden einem zuerst Scheine mit beiden Händen und dann das Kleingeld mit der Rechnung übergeben. Außerhalb des üblichen Zahlungsverkehrs wird Geld nur in Briefumschlägen übergeben, beispielsweise bei Geldgeschenken.

Trinkgeld
Trinkgelder sind in Japan nicht nur unüblich, es kann sogar als Beleidigung aufgefasst werden!

Bei Erkältung

Tempo-Taschentücher sind in Japan nahezu unbekannt. Dagegen sind einlagige, dünne **Taschentücher** ein Werbeträger und werden an Metro-Stationen kostenlos verteilt. Lautes **Naseputzen** gilt als unfein und unhygienisch! Dagegen ist Hochziehen erlaubt, was man oft zu hören bekommt. Wer die Nase putzen muss, sollte es nicht vor anderen Leuten tun, sondern z.B. auf der Toilette. Falls es bei Tisch nicht zu vermeiden ist, nicht laut schnäuzen, sondern von anderen Leuten abwenden und lautlos die Nase abwischen. Benutzte Taschentücher sollten sofort entsorgt und nicht in der Tasche aufbewahrt werden. Wer erkältet ist, trägt meist einen weißen **Mundschutz,** besonders häufig in der Heuschnupfen-Saison zu sehen.

Geschenke (贈り物, okurimono)

Kleine Geschenke erhalten die Freundschaft. Dass dieses Sprichwort ganz besonders auf Japan zutrifft, beweist der Enthusiasmus, mit dem in Japan zu den verschiedensten Anlässen verschenkt wird. Dabei ist nicht nur der Inhalt von Bedeutung, sondern ebenso das Äußere, die **Verpackung.** Üblicherweise wird ein Geschenk in der Papiertasche des Geschäftes, in dem man es gekauft hat, überreicht. Achtloses Aufreißen vor dem Schenkenden ist tabu, ausgepackt wird meist erst daheim. Höflicherweise sollte man Geschenke immer mit beiden Händen übergeben, am besten mit den Worten つまらない物ですが、どうぞ。 *(tsumaranai mono desu ga, dôzo.,* „Ein langweiliges Geschenk, bitte sehr."), und die Beschenkten werden sicherlich ihr Erstaunen über das perfekte Japanisch zum Ausdruck bringen.

▼ Puppen sind beliebt und teuer

029jp Abb.: rb

Am ersten Arbeitstag oder nach einer Reise und sei es nur ein Kurztrip werden **o-miyage** (お土産, Mitbringsel) an den Chef, die Kollegen, Familie und Freunde verteilt. Sie sind ein Zeichen, dass man in der Ferne an daheim Gebliebene gedacht hat. Meist sind es regionale Spezialitäten und Süßigkeiten. Eine Vielzahl von Geschäften befindet sich an Bahnhöfen. Ist man **zu Besuch eingeladen,** bringt man ein *temiyage* (手土産) mit, meist ebenfalls Süßigkeiten oder Sake, japanischen Reiswein. Interessanterweise hat aber der Geburtstag unter Erwachsenen eine geringe Bedeutung und so werden nur Kindern Geschenke gemacht.

Pechzahl vier

Zu vermeiden sind Geschenke, die aus vier Stücken bestehen, denn das Wort vier (四, yon oder shi) ist ein Homonym des Wortes für Tod (死, shi), d. h., beide Worte lauten gleich. So gibt es z. B. in einigen Hotels die Zimmernummer vier nicht.

Kalender (暦, koyomi)

Neben dem allgemein verwendeten, uns geläufigen gregorianischen Kalender (西暦, *seireki,* westlicher Kalender) mit einer auf der Geburt Christi basierenden Jahreszahl, gibt es einen traditionellen Kalen-

Land und Leute

der, eingeteilt in Herrschaftsperioden. Das **gengô** (元号) bzw. **nengô** (年号) genannte Kalendersystem findet man zum Beispiel auf den Münzen. Seit der Meiji-Zeit 1868 beginnt das Jahr eins einer neuen Ära mit der Inthronisierung eines neuen Kaisers. Der gegenwärtige Kaiser Akihito wählte für seine Amtszeit ab 1989 die Losung **heisei** (平成), das Jahr 2006 ist *heisei 18*.

Feiertage sind im Allgemeinen Reisetage, die viele Japaner nutzen, um Verwandte zu besuchen. Besonders in der **Goldenen Woche** (ゴールデン・ウィーク, *gôrudenu wîku*) Anfang Mai, dem **Obon-Fest** (お盆, *o-bon*) zum Gedenken der Verstorbenen Mitte August und den ersten **Neujahrstagen** (お正月, *o-shôgatsu*) im Januar, an denen viele Firmen schließen, ist das Land fast im Ausnahmezustand. Züge sind voll, Sitzplätze fast nicht zu bekommen, Hotels und Fluggesellschaften haben erhöhte Preise. Wer unbedingt zu diesen Zeiten seine Reise plant, sollte so früh wie möglich buchen. Kurz

▼ *Im Herbst, z. B. zum Erntedankfest, ziehen starke Männer mit einem kleinen Schrein (御神輿, omikoshi) auf den Schultern durch die Nachbarschaft*

030jp Abb.: rb

Feiertage

- *1. Januar, Neujahr (元日, ganjitsu), (2006: 2.1. Übergangsfeiertag)*
- *zweiter Montag im Januar, Tag der Volljährigkeit (成人の日, seijin no hi), (2006: 9.1., 2007: 8.1., 2008: 14.1.)*
- *11. Februar, Tag der Staatsgründung (建国記念の日, kenkoku-kinen no hi), (2007: 12.2. Übergangsfeiertag)*
- *21. März, Frühlingsanfang (春分の日, shunbun no hi)*
- *29. April, Tag der Umwelt (みどりの日, midori no hi), (2007: 30.4. Übergangsfeiertag)*
- *3. Mai, Verfassungstag (憲法記念日, kenpôkinenbi)*
- *4. Mai, Begehung des Verfassungstages (国民の休日, kokumin no kyûjitsu)*
- *5. Mai, Tag des Kindes (子供の日, kodomo no hi)*
- *dritter Montag im Juli, Tag des Meeres (海の日, umi no hi), (2006: 17.7., 2007: 16.7., 2008: 21.7.)*
- *dritter Montag im September, Tag der Verehrung der älteren Menschen (敬老の日, keirô no hi), (2006: 18.9., 2007: 17.9., 2008: 15.9.)*
- *23. September, Herbstanfang (秋分の日, shûbun no hi), (2007: 24.9. Übergangsfeiertag)*
- *zweiter Montag im Oktober, Tag der Gesundheit und des Sports (体育の日, taiiku no hi), (2006: 9.10., 2007: 8.10., 2008: 13.10.)*
- *3. November, Tag der Kultur (文化の日, bunka no hi)*
- *23. November, Tag der Arbeit und Erntedankfest (勤労感謝の日, kinrô-kansha no hi), (2008: 24.11. Übergangsfeiertag)*
- *23. Dezember, Geburtstag des derzeitigen Kaisers Akihito (天皇誕生日, tennô-tanjôbi), (2007: 24.12. Übergangsfeiertag)*

Wenn ein Feiertag auf einen Sonntag fällt, ist der folgende Montag ein arbeitsfreier Tag (振替休日, furikaekyûjitsu).

Land und Leute

nach diesen Hauptreisezeiten erlebt man das ganze Gegenteil, viele Sehenswürdigkeiten sind wie ausgestorben.

Im japanischen Alltag haben **Volksfeste** (祭り, *matsuri*) eine große Bedeutung. Diese Art gesellschaftlicher Beschäftigung ist ein akzeptierter Grund, mal nicht ans Arbeiten zu denken und entsprechend hoch ist die Beteiligung.

Festivals in und um Tôkyô
www.japantimes.co.jp/festivals.htm (engl.)

031jp Abb.: rb

▶ *In Tôkyô, Downtown Shinjuku (新宿)*

In Japan

Einreise

Angekommen

Geschafft, nach monatelanger Vorbereitung endlich in Japan! Bevor jetzt der Kulturschock oder die Unruhe einsetzt, sollte man erst einmal die Tatsache genießen, dass man es bis hierhin geschafft hat! Was vor Monaten noch nahezu undenkbar erschien, ist Wirklichkeit geworden. Am besten man lässt alles Ungewohnte erst einmal auf sich einwirken, spaziert durch die Straßen der Nachbarschaft und entdeckt neugierig wie ein kleines Kind eine ungewohnte Welt und fotografiert gerade am Anfang so viel Interessantes wie möglich. Man will ja nach der Rückkehr jede Menge Unglaubliches berichten und anschaulich vermitteln können.

Deutschsprachige in Japan (dinj)
- ***Wiki,*** *http://dinj.gvogt.de*
- ***Mailingliste,*** *http://groups.yahoo.com/group/dinj/*

Wer Fragen zum Leben in Japan hat, kann sie an die Mailingliste senden (dinj@yahoogroups.com) und einer der vielen Mitglieder wird sie sicherlich beantworten können. Zudem gibt es ein riesiges Archiv mit den bisher gestellten Fragen und Antworten.

Reisetagebuch
Das Führen eines Reisetagebuches lohnt sich, um Eindrücke festzuhalten. Wer viel reist, erlebt auch viel. Nur ist es bereits zwei, drei Tage später schon schwierig, sich daran zu erinnern. Und erst nach einem Jahr!

Aufenthalt

Wer sich länger als 90 Tage in Japan aufhalten wird, muss sich in der zuständigen **Einwohnermeldebehörde** der örtlichen Verwaltung registrieren lassen. In einem Großstadtbezirk (-区, *-ku*) wie in Tôkyô geht man in die Bezirksverwaltung (区役所, *kuyakusho*), in einer kleineren Stadt (-市, *-shi*) in die Stadtverwaltung (市役所, *shiyakusho*), im Stadtteil einer größeren Stadt (-町, *-chô*) in die dortige Stadtteilverwaltung (町役場, *machiyakuba*) und in einem Dorf (-村, *-mura*) in die Dorfverwaltung (村役場, *murayakuba*). Dort beantragt man eine *„Alien Registration Card"*, einen **Ausländerausweis** (外国人登録証, *gaikoku-jin tôroku-shô*), für den man seinen

Reisepass mit Visum und zwei Passfotos mitzubringen hat. Erst mit diesem Ausweis können z. B. ein Konto eröffnet werden, ein Vertragshandy gekauft werden usw. Die Ausstellung dauert ein bis zwei Wochen. Ähnlich einem Personalausweis muss man den Ausländerausweis ständig bei sich haben. Jeder Wohnortwechsel, jede Visumsverlängerung etc. muss innerhalb von 14 Tagen gemeldet werden. Bei Verlassen des Landes muss, wer keine Wiedereinreiseerlaubnis besitzt, den Ausweis bei der Passkontrolle abgeben.

Wiedereinreiseerlaubnis

Die meisten Visa sind nur zur einmaligen Einreise nach Japan bestimmt. Wer ein anderes als ein Touristenvisum besitzt und während des Aufenthaltes das Land verlassen möchte, z. B. für einen Abstecher in eines der Nachbarländer, muss vor Ausreise eine **Wiedereinreiseerlaubnis** (再入国許可, *sai-nyûkoku kyoka*) bei einer zuständigen **Einwanderungsbehörde** (入国管理局, *nyûkoku kanrikyoku*) beantragen. Wer innerhalb der Gültigkeit dieser Erlaubnis wiedereinreist, kann die gleiche Tätigkeit fortsetzen. Wenn man es allerdings versäumt, dann erlischt das Visum bei Verlassen des Landes bzw. nach Ablauf der Wiedereinreiseerlaubnis. Bei Rückkehr erhält man „nur" ein Touristenvisum und darf die vorherige Tätigkeit nicht mehr ausüben bzw. man muss ein entsprechendes Visum neu beantragen. Die Gültigkeit des Visums wird nicht um die Dauer der Ausreise verlängert.

Selbst wenn man einen **permanenten Aufenthaltsstatus** erworben hat, benötigt man eine Wiedereinreiseerlaubnis. Diese kann eine Gültigkeit von mehreren Jahren haben, sodass man das Land auch längerfristig verlassen kann, ohne den permanenten Status zu verlieren.

Adressen der Verwaltung
Den Sitz der örtlichen Verwaltung kann man in einer Touristinformation (観光案内所, kankô annaijo) erfragen.

Einwanderungsbehörden
Adressen und Telefonnumern finden sich auf der folgenden Webseite: www.moj.go.jp/ENGLISH/IB/ib-17.html (engl.).

Visumsverlängerung und -änderung

Wer sich nach Ablauf des Visums noch in Japan aufhält, macht sich strafbar! Wer länger bleiben möchte, sollte sich rechtzeitig um eine **Verlängerung** des Visums kümmern. Die benötigten Formulare erhält man in der zuständigen Einwanderungsbehörde. Meist muss man zweimal dorthin, zur Beantragung und zur Ausstellung. Ein Touristenvisum zu verlängern kann durchaus an einem Tag geschehen, ein Arbeitsvisum dagegen kann mehrere Wochen dauern.

Visum in Japan beantragen

Wer sich in Japan aufhält und zu einem Arbeitsvisum wechseln möchte, kann CoE (s. S. 25) und Visum in Japan beantragen. Falls man zwischendurch nach Deutschland zurückkehrt, kann auch der Arbeitgeber dieses übernehmen. Wer zu einem Working Holiday Visum wechseln möchte, kann dieses zwar in Japan beantragen, es darf jedoch nur im Heimatland ausgestellt werden. Um eine Heimreise nach Deutschland und die Wiedereinreise nach Japan kommt man also nicht herum.

Wer eine andere als die durch das Visum bestimmte Tätigkeit ausüben möchte, z. B. nach Beendigung eines Praktikums in ein festes Angestelltenverhältnis wechseln oder auch nur Arbeitgeber bzw. Bildungseinrichtung wechseln möchte, muss eine **Visumsänderung** in der zuständigen Einwanderungsbehörde beantragen. Wer dies versäumt, macht sich ebenfalls strafbar! Man beachte, dass die Bearbeitungszeiten einer Änderung meist denen einer Erstbeantragung entsprechen.

Einleben

Sprachschulen

▶ Rucksackreisende im Stadtgewühl

Es gibt viele Sprachschulen im Land, die Japanisch unterrichten. Deutsch als Unterrichtssprache ist selten, meist ist es Englisch und in fortgeschrittenen Kursen fast nur Japanisch. Es lohnt sich, bei deutschsprachigen Organisationen und Vereinen in Japan nach empfohlenen Sprachschulen zu fragen. Deren Mitarbeiter gehen oft selbst zum Japanischunterricht. Auch an Hochschulen werden Sprachkurse angeboten.

- **Sprachschulen weltweit,** ca. 400 für Japanisch in Japan, www.language-learning.net
- **Deutsche Gesellschaft für Natur- und Völkerkunde Ostasiens** (OAG), www.oag.jp
- **Deutsche Industrie- und Handelskammer in Japan** (DIHKJ), www.dihkj.or.jp
- **Yamasa Sprachinstitut** in der Präfektur der EXPO 2005 Aichi, www.yamasa.org/german/index.html

Fureai-Plaza (ふれあいプラザ)

In einigen Städten gibt es Fureai-Plaza genannte Gemeindezentren. Diese bieten vielfältige nachbarschaftliche Dienstleistungen wie kostenlos zu benutzende Internet-Terminals oder auf Freiwilligen-Basis unterrichtete Japanisch-Kurse an. Am besten man fragt in der Touristeninformation oder einfach Leute auf der Straße nach diesen Zentren.

In Japan

Adressen (住所, jusho)

Adressen in Japan unterscheiden sich von den uns geläufigen, Straßennamen und Hausnummern gibt es nicht. Selbst Ortskundige und Taxifahrer müssen

Literaturtipp

„Sprachen lernen im Ausland" von Alexandra Albert, Reise Know-How Verlag, Bielefeld. Den passenden Kurs und Veranstalter finden; Bildungsurlaub nutzen; die Reise organisieren; Tipps vor Ort etc.

032jp Abb.: rb

Kôban

Japan bevorzugt eine dezentrale Verteilung seiner Polizeikräfte. So gibt es in jedem Stadtteil und an vielen größeren Straßenkreuzungen kleine Polizeihäuschen mit ein paar dort arbeitenden Polizisten. Diese Freunde und Helfer kennen „ihre“ Nachbarschaft sehr gut und sind immer gerne bereit, Ortsunkundigen den Weg zu weisen.

Per Internet lassen sich Adressen sehr leicht finden, Suchmaschinen sind meist nur auf Japanisch bedienbar.

- *http://maps.yahoo.co.jp (jap.)*

Scr 11

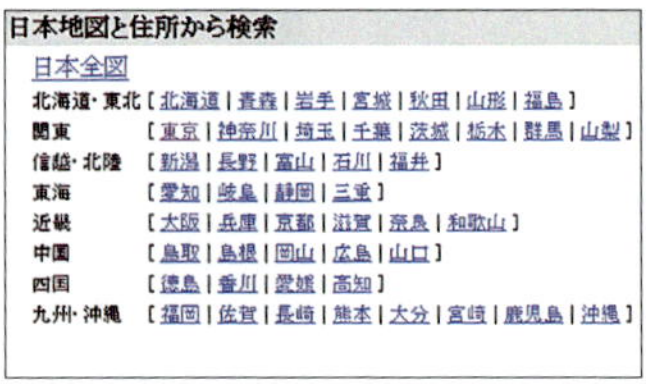

▲ *Tôkyô-to*

Scr 12

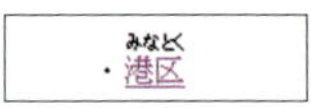

▲ *Minato-ku*

Scr 13

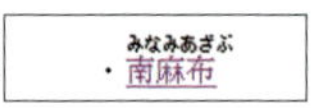

▲ *Minami-Azabu*

Scr 14

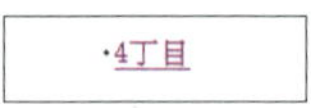

▲ *4-chome -*

Scr 15

▲ *5 - …*

Scr 16

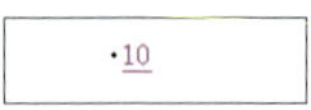

◀ *10 - …*

oft länger suchen, um das gewünschte Haus zu finden. Die Adresse des Hotels oder der Wohnung von Freunden sollte man sich auf Japanisch aufschreiben lassen. Diese kann man dann Taxifahrern oder Polizisten im nächstgelegenen ↗**kôban** (交番, „Polizeihäuschen“) zeigen, was die Suche stark vereinfacht.

Die obersten **Verwaltungseinheiten** sind Präfekturen (-県, *-ken*), dann folgen Städte (-市, *-shi* bzw. -都, *-to* für Hauptstadt oder -府, *-fu* für Ballungsraum), Landkreise (-郡, *-gun*) oder Dörfer (-村, *-mura*). In Städten gibt es Bezirke (-区, *-ku*), Unterbezirke bzw. Stadtteile (-町, *-chô*), Blocks (-丁目, *-chôme*), Grundstücke (-番地, *-banchi*) und Gebäude, geordnet nach Baujahr. Viele Gebäude haben Eigennamen, die oft in der Adresse mit angegeben werden.

Adressen werden „umgekehrt“ geschrieben, die Postleitzahl mit dem Postzeichen 〒 am Anfang und der Name des Empfängers am Ende. Als Beispiel die Adresse der Deutschen Botschaft in Tôkyô:

- 〒106–0047, Tôkyô-to, Minato-ku, Minami-Azabu, 4–5–10, … [Name]
  (4–5–10 bedeutet vierter Block, fünftes Grundstück, zehntes Haus.)

Mit japanischen Schriftzeichen sieht das folgendermaßen aus:

- 〒１０６－００４７東京都港区南麻布４－５－１０

Scr 17

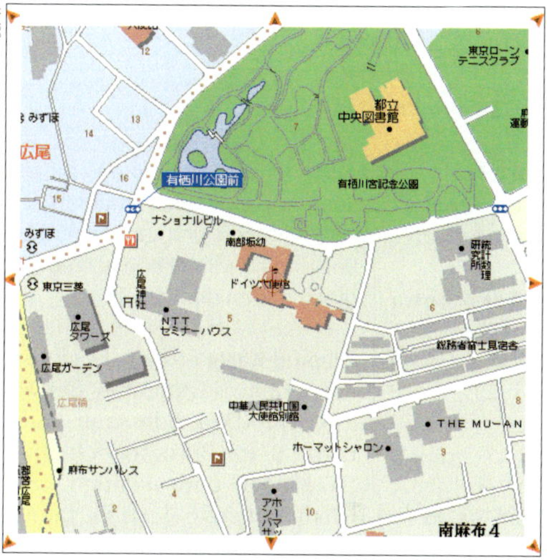

◀ *... hier ist es!*

Telefon (電話, denwa)

In Japan gibt es verschiedene Typen von **öffentlichen Telefonen.** Inländische Telefonate können von jedem Apparat geführt werden. Von den am weitesten verbreiteten, analogen grünen Telefonen lassen sich keine Auslandsgespräche führen. Dies geht nur von einigen der digitalen grauen Telefone, wenn kenntlich „International & Domestic Telephone“ draufsteht und den selteneren orangen IC-Telefonen. Diese haben Ein- bzw. Ausgänge fürs Internet, zum Beispiel um mit dem eigenen Notebook E-Mails zu checken. **Telefon-**

▼ *Für In- und Auslandsgespräche gibt es unterschiedliche Telefontypen*

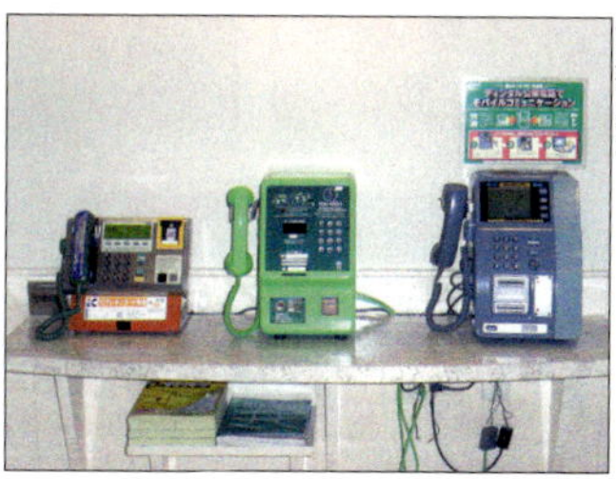

033jp Abb.: rb

In Japan

Telefonieren von Japan nach Europa

Anbietervorwahl	+	*[010]*	+	*Ländervorwahl*	+	*Ortsvorwahl*	+	*Rufnummer*
0041 Nihon Telecom				*49 Deutschland*		*(ohne Null)*		
001 KDDI				*43 Österreich*				
0061 IDC				*41 Schweiz*				
0033 NTT				…				

karten (テレフォンカード, *terefon kâdo*) für die grünen und die grauen Apparate unterscheiden sich von den IC-Telefonkarten für die orangefarbigen. Ein entsprechender Automat steht oft direkt neben dem Telefon.

Prepaid-Telefonkarten
- *www.kddi.com/english/telephone/card/index.html (engl.)*
- *www.brastel.com ➞ Japan (engl.)*
- *http://new.primustel.co.jp/primus/02L3.asp (engl.)*

Billiger wird es, wenn man eine **Prepaid-Karte** erwirbt. Es gibt sie mit einem bestimmten Betrag, z. B. von KDDI, oder zum Aufladen, z. B. von Brastel oder Primustel. Kaufen und aufladen kann man sie in fast jedem *konbini* (s. S. 104). Benutzungshinweise stehen auf der Rückseite oder in einem beigefügten Infoheft meist auch auf Englisch.

Internettelefonie
www.skype.com

Wer in seiner Wohnung eine schnelle Internetverbindung besitzt, der kann die mittlerweile gut funktionierende **Internettelefonie** ausprobieren. Die Qualität ist meist einwandfrei. Wer Freunde und Bekannte gerne auch sehen möchte, der kann **Videotelefonie** mit dem Internet nutzen.

034jpAbb.: rb

Telefonieren **von Europa nach Japan** ist mit einem der vielen Billiganbieter mit Minutenpreisen von ein paar Cent sehr günstig. Auslandsgespräche kosten damit manchmal sogar weniger als Telefonate innerhalb des Landes.

Handy (携帯電話, keitai-denwa)

Praktisch und verspielt sind sie, die *keitai* genannten Mobiltelefone. Man kann sie mit Vertrag oder Prepaid-Karte kaufen. Die vier Netzbetreiber heißen **NTT DoCoMo, Vodafone, au by KDDI** und **TU-KA.** Mit dem heimischen Handy in Japan zu telefonieren ist meist nicht möglich. Der in Europa gebräuchliche GSM-Standard ist wenig verbreitet und nur in Großstädten wird es vereinzelt Roaming-Partner geben. Das Telefonieren im Ausland mit einem heimischen Vertrag ist zudem teuer, selbst bei Annahme eines Anrufes bezahlt man. Das Einsetzen der heimischen SIM-Karte in ein japanisches Handy funktioniert meist ebenfalls nicht, da die Nummer fest im Gerät einprogrammiert ist. Das Beibehalten der alten Nummer bei Kauf eines neuen Gerätes ist möglich, jedoch teuer. Mit der Einführung von UMTS und Handys der Dritten Generation (3G) soll die weltweite Kompatibilität und Austauschbarkeit der Geräte jedoch erhöht werden.

Preiswert nach Japan telefonieren
Die billigsten Anbieter findet man im Internet unter www.billiger-telefonieren.de, www.infospot.at, www.teltarif.ch.

Man kann Handys fast überall – in Elektronikfachgeschäften, Netzbetreiberläden und *konbini* (s. S. 104) – kaufen. Ein **Prepaid-Handy** zu erwerben, ist relativ einfach. Gelegentlich wird nach einem Ausländerausweis (s. S. 88) gefragt. Selbst bei einem Aufenthalt von weniger als 90 Tagen kann man versuchen, einen solchen zu beantragen. Ein Prepaid-Handy kostet mit der ersten Prepaid-Karte zusammen ca. 7000–10.000 ¥ (50–70 €).

Netzbetreiber
- *www.nttdocomo.co.jp/english*
- *www.vodafone.jp/english/index.html*
- *www.au.kddi.com/english/index.html*
- *www.tu-ka.co.jp (jap.)*

Ein **Vertragshandy** zu bekommen ist komplizierter, da dafür auf jeden Fall eine Adresse in Japan vorzuweisen ist. Aus diesem Grund wird nach dem Ausländerausweis gefragt. Wer eine Kreditkarte als Zahlungsmittel besitzt, der kann einen japanischen

◀ *Schöne Telefonkartenmotive sind typisch für Japan*

Bekannten mitnehmen und dessen Adresse für die Zusendung des monatlichen Gesprächsnachweises angeben. Der fällige Rechnungsbetrag wird automatisch von der Kreditkarte abgebucht. Wer keine Kreditkarte angeben möchte, erhält die monatliche Rechnung und bezahlt sie, wenn nicht durch Abbuchung von einem japanischen Konto, am einfachsten in jedem *konbini*. Die günstigsten Verträge kosten ca. 4000 ¥ (29 €) monatlich inkl. einiger freier Gesprächsminuten. Das Handy, auch englischsprachige Modelle, gibt es ab 0 ¥. In Japan kann man Verträge vor Ablauf kündigen und bezahlt ca. 4000 ¥. Manche Verträge haben keine Mindestvertragslaufzeit.

E-Mail
Mit einem Vertrags-Handy erhält man eine vollwertige E-Mail-Adresse. Prepaid-Handys unterstützen E-Mail meist nicht.

Post (郵便局, yûbinkyoku)

Eine Postkarte (葉書, *hagaki*) innerhalb Japans kostet 50 ¥ (36 ct), ein normaler Brief (手紙, *tegami*) bis 25 g 80 ¥ (57 ct), bis 50 g 90 ¥ (64 ct). Eine Postkarte nach Europa (ヨーロッパ, *yôroppa*) kostet 70 ¥ (50 ct), ein Brief bis 25 g 110 ¥ (78 ct), bis 50 g 190 ¥ (1,35 €). Ab 50 g wird es billiger, wenn man den Brief als „kleines Paket" (小型包装物, *kogata hôsôbutsu*), dann mit zusätzlichem Zollaufkleber und Inhaltsangabe ab 240 ¥ (1,71 €), verschickt. Ein paar Yen kann zusätzlich sparen, wer auf Luftpost (航空便, *kôkûbin*) verzichtet und Schiffspost (船便, *funabin*) angibt. Briefmarken (切手, *kitte*) und Sonderbriefmarken (記念切手, *kinen kitte*) gibt es am Schalter.

▼ *Briefkästen in Japan sind rot*

035jp Abb.: rb

Wer **Übergepäck** per Post nach Hause schicken möchte, hat drei verschiedene Möglichkeiten. Ein 5 kg-Paket (小包, *kodzutsumi*) kostet per Luftpost 10.150 ¥ (73 €), auf kombiniertem Luft-/Landweg (SAL) 7300 ¥ (52 €) und per Schiffspost 4000 ¥ (29 €), ein 10 kg-Paket 17.650 ¥ (126 €), 12.550 ¥ (90 €) bzw. 6750 ¥ (48 €). Schiffspost dauert ca. sechs bis acht Wochen.

Umgekehrt kostet nach Japan z. B. ein DHL-Paket der Deutschen Post bis 5 kg 37 €, per Luftpost 48 € und bis 10 kg 52 €, per Luftpost 94 €. Der normale Versand dauert ca. eine Woche.

Japanische Post

- *www.yuubinkyoku.com (jap. und engl.)*
- ***Postämterverzeichnis,*** *www.yubinkyoku.com/office_search/index.html (jap.)*

Gepäckdienste (宅配便, takuhaibin)

Neben dem Paketservice der Post kann man innerhalb Japans kleine und große Pakete und darüber hinaus unförmiges Gepäck wie Rucksäcke und Koffer auch mit einem der privaten Tür-zu-Tür-Gepäckdienste preiswert transportieren lassen. Dafür bringt man es entweder zu einer der Annahmestellen, zu einem der unzähligen *konbini* oder lässt es per Anruf abholen. Wer sich bei Ankunft den Stress, schwitzend und mit schwerem Gepäck in übervollen Zügen oder Metros zu reisen, sparen möchte, der kann es direkt am Flughafen aufgeben und bis ins Hotel oder an eine beliebige Adresse transportieren lassen. In ein bis zwei Tagen ist das Gepäck dann meistens am Ziel. Die Preise

Informationen zu Gepäckdiensten

- ***Kuronekoyamato Takkyubin,*** *www.kuronekoyamato.co.jp (jap.)*
- ***Nippon Express Pelican Bin,*** *www.nittsu.co.jp/pelican/flash.htm (jap.)*
- ***Tôkyô-Narita,*** *www.narita-airport.jp/en/guide/service/list/svc_05.html (engl.)*
- ***Ôsaka-Kansai,*** *www.kansai-airport.or.jp/english/service/index.html (engl.)*

036jp Abb.: rb

▲ *Bei Gedränge zur Hauptverkehrszeit ist es praktisch, für schweres Gepäck den Gepäckdienst in Anspruch zu nehmen*

hängen von Größe und Gewicht ab, ein durchschnittlicher Koffer kostet ca. 2000 ¥ (15 €). Gegen Aufpreis ist auch Expressbeförderung möglich.

Internet (インターネット, intânetto)

Ins Internet kommt man in Großstädten in **Manga-/Internet-Cafés.** Für 15 Minuten bezahlt man ca. 100 ¥ (0,75 €), eine Stunde kostet ca. 200–400 ¥ (1,40–2,85 €). Es gibt oft drei Stunden- (500–1000 ¥; 3,50–7,20 €), fünf Stunden- (800–1500 ¥; 5,70–10,70 €) und Übernacht-Rabatte. Wer es etwas komfortabler möchte, kann gegen Aufpreis eine Kabine haben und ist dann von Blicken anderer abgeschirmt. **Kostenlose Getränke** sind oft im Preis enthalten. In den etwas teureren Cafés gibt es gelegentlich **Luxuriöses** wie Fuß-

Internet-Cafés (jap.)

- ***Manboo,*** *www.manboo.co.jp/nextpages/shoplist.php?acf=1&act=12*
- ***GeraGera,*** *www.geragera.co.jp*
- ***Mediacafé Popeye,*** *www.mediacafe.jp/branch/kanto.html, .../kansai.html, .../chugoku.html, .../tohoku.html*

bad am Platz oder Liegesessel. Damit wird ein Aufenthalt über Nacht ganz angenehm, man muss ja nicht nur surfen. Neben dem Internet gibt es viele Mangas zum Lesen, auch Fernseher, Videorekorder oder eine Sony Playstation werden am Platz angeboten. Einen Besuch sind die Manga-/Internet-Cafés auf jeden Fall wert, man bekommt einen Einblick in japanische Gewohnheiten. So zählen neben Schülern viele Manga lesende Geschäftsleute zu den regelmäßigen Kunden.

037jp Abb.: rb

▲ *Manga-/ Internet-Café*

Bank (銀行, ginkô)

In Banken kann man Reiseschecks und ausländische Währungen in japanisches Bargeld umtauschen (s. S. 58). Dafür geht man zur **Wechselstelle** (外国為替, *gaikoku kawase;* 両替所, *ryôgaejo*). Banken öffnen in der Regel Mo–Fr von 9–15 Uhr. Wechselstellen manchmal erst ab 11 Uhr. Samstags, sonntags und an nationalen Feiertagen sind sie geschlossen.

Wer in Japan arbeitet, benötigt meist ein **Bank- oder Postscheckkonto.** Bei der Eröffnung muss man in der Regel einen Ausländerausweis vorlegen (s. S. 88), manchmal genügt eine Bestätigung der Beantragung oder ein Reisepass. Man wird sicherlich nach einem ↗**Namensstempel** (印鑑, *inkan*) gefragt werden. Da man als Ausländer einen solchen in der Regel nicht hat, genügt manchmal eine eigenhändige Unterschrift. Falls nicht, muss man sich einen anfertigen lassen oder man fragt bei einer anderen Bank. Das Design der **Geldkarte** kann man sich aussuchen und die Geheimzahl selber festlegen. Mit

Literaturtipp

„Internet für die Reise" von Gunter Schramm, Reise Know-How Verlag, Bielefeld. Der Leitfaden, wie und wo man im Internet-Dschungel seriöse Reiseinformationen findet und das Netz unterwegs sinnvoll nutzt.

In Japan

Namensstempel

Die eigenhändige Unterschrift als persönliche Autorisierung ist in Japan ungebräuchlich, „unterschrieben“ wird mit einem kleinen Namensstempel, den es für japanische Namen am billigsten in 100-Yen-Geschäften gibt. Für ausländische Namen muss man sich in einem Stempelgeschäft persönlich einen anfertigen lassen. Vorgefertigte Stempel für ausländische Vornamen gibt es z. B. im Aussichtsdeck des „Metropolitan Office“ in Tôkyô-Shinjuku, dem Gebäude der Stadtverwaltung. Für Verträge und amtliche Dokumente braucht man dagegen einen ***registrierten*** *Stempel (実印, jitsuin). Registrieren lassen kann man den Stempel im gleichen Rathaus, in dem der Ausländerausweis ausgestellt wurde und erhält eine entsprechende Urkunde.*

der Geldkarte kann man an Geldautomaten seiner Bank oder im *konbini* (s. S. 104) Geld abheben, den Kontostand prüfen und an manchen Überweisungen tätigen. Ein mit europäischen EC-Karten vergleichbares System gibt es in Japan nicht. Deswegen prangen an Geldautomaten eine Vielzahl von Symbolen unterschiedlicher Kartensysteme.

Preiswert essen und trinken

Möglichkeiten, **auswärts essen** zu gehen (食堂, *shokudô*, „Essensplatz“), gibt es in Japan reichlich. Restaurants (レストラン, *resutoran*) sind oft auf nur eine Art von Gericht in unterschiedlichen Variationen spezialisiert, wie *sushi* (寿司), gegrillte Hänchenstücke am Spieß (焼き鳥, *yakitori*) oder gegrillte Puffer mit Kohl (お好み焼き, *okonomiyaki*). Eine Speisekarte gibt es oft nicht, dafür Auslagen mit nachgebildeten Gerichten oder eine Vielzahl von japanisch beschrifteten Schildchen an der Wand, auf denen alle Gerichte stehen. Man kann auch in einer **japanischen Kneipe** (居酒屋, *izakaya*) essen, und das sogar recht gut und preiswert. Aus einer Vielzahl kleiner Gerichte stellt man sich sein eigenes Menü zusammen. Das ist besonders für Vegetarier praktisch, da viele fleischlose Speisen im Angebot sind (s. S. 78). In den Kneipen oder Bars (飲み屋, *nomiya*) kann man seine nicht vollständig geleerte Flasche Sake (お酒, *o-sake*, Alkohol; 日本酒, *nihon-shu*, „jap. Reiswein“) oder Gebrannten (焼酎, *shôchû*)

038jp Abb.: rb

▲ *„Herzlich willkommen" (いらっしゃいませ, irasshaimase) im râmen-(ラーメン) Nudelrestaurant*

mit Namen versehen und meist ein bis zwei Monate bis zum nächsten Besuch aufbewahren lassen. Mitnehmen dagegen ist meist nicht erlaubt.

In auf **Karaoke** (カラオケ) spezialisierten Bars bezahlt man für die Dauer des Aufenthaltes und kann dann in einem eigenen Raum Singen üben. Die Essensauswahl ist ähnlich den Kneipen. Trotz der Vorliebe der Japaner für Tee (お茶, *o-cha*) gibt es mittlerweile viele Cafés (喫茶店, *kissaten*) in der Art moderner Coffeeshops, in denen man auch Kuchen (ケーキ, *kêki*) und Sandwiches (サンドウィッチ, *sandowitchi*) bekommt. Ein unter Angestellten weit verbreitetes Mittagessen ist die ↗**bentô** (弁当) genannte Lunchbox.

Wer besonders auf sein **Budget** achten muss, sollte die japanischen **Fast-Food-Ketten** ausprobieren. Die billigeren nennen sich

Bentô

Bentô sind daheim selbst zusammengestellte oder vorgefertigte Lunchboxen. In jedem Supermarkt und jedem konbini, in Bürovierteln auch in nur mittags geöffneten bentô-Geschäften kann man aus einer Vielzahl auswählen und sich bei Bedarf in der Mikrowelle aufwärmen lassen. Meist enthalten sie Reis, gegrillten Fisch oder Fleisch, Gemüse und sauer Eingelegtes.

bikkuri (びっくり), *yoshinoya* (吉野屋) und *matsuya* (松屋) mit Preisen von 200–600 ¥ (1,40–4,30 €). Preiswert sind auch auf einfache Gerichte wie *donburi* (丼, eine große Schale Reis mit der Beilage obendrauf), jap. Nudelsuppen (うどん, *udon* und そば, *soba*) oder chin. Nudelsuppen (ラーメン, *râmen*) spezialisierte Restaurants mit Preisen von 300–800 ¥ (2,10–5,70 €). Bei der Speisen- und Menüauswahl von *ôtôya* (大東屋) kann man schon gar nicht mehr von Fast-Food reden, Gerichte kosten 600–1000 ¥ (4,20–7,20 €). *Sushi* kann man teuer im speziellen *sushi-ya* (寿司屋) oder billig in einem mit Förderband ausgestatteten Restaurant (回転寿司, *kaiten sushi*) essen. Man bezahlt die Menge der heruntergenommenen Teller (お皿, *o-sara*) und meist um die 1000 ¥ (7,20 €).

039jp Abb.: rb

▶ *Karaoke-Bars haben sicherlich die kreativsten Fassadengestaltungen*

Zu Mittag (昼御飯, *hirugohan,* Mittagessen) bieten fast alle anderen Restaurants besondere **Mittagsmenüs** um die 1000 ¥ an (ランチセット, *ranchi setto;* 定食, *teishoku*). Enthalten ist bei den meisten eine *miso*-Suppe (味噌汁, *miso shiru*), eine Schale Reis, im Sommer ein Glas kaltes Wasser (水, *mizu*) und im Winter eine Tasse heißen Tee, manchmal auch Kaffee (コーヒー, *kôhî*) mit der Möglichkeit, kostenlos Nachschlag (おかわり, *okawari*) zu bekommen.

Bezahlen im Restaurant

Bezahlt wird beim Hinausgehen an der Kasse. In manchen preiswerten Fast-Food-Restaurants dagegen kauft man direkt am Eingang ein Ess-Ticket. Trinkgeld ist unüblich. Höflich ist, zu zeigen, dass das Essen geschmeckt hat (ごちそうさまでした, gochisô sama deshita).

Abends tauchen an Straßenkreuzungen gelegentlich mobile, in Essplätze mit ein paar Bänken umfunktionierte Wagen (屋台, *yatai*) mit preiswerten Gerichten auf. Eine weitere Möglichkeit, sich für relativ wenig Geld den Bauch vollzuschlagen, sind Buffet-Restaurants (バイキング, *baikingu*), in denen man zu einem Festpreis, jeweils etwa 2000 ¥ (14,30 €), so viel essen (食べ放題, *tabehôdai*) und trinken (飲み放題, *nomihôdai*) kann, wie man will. Wasser aus der Leitung kann ohne Bedenken getrunken werden.

In Japan

Preiswert einkaufen

Abgesehen von Mietkosten, die in Tôkyô auf jeden Fall am höchsten sind, ist das allgemeine Preisgefälle zwischen Großstadt, Kleinstadt und Land nicht sehr groß. So sind z. B. die Preise in einem der zahlreichen ↗**konbini** (コンビニ) wie Lawson, Sunkus, Seven-Eleven, AM/PM, K-Circle oder Family Mart landesweit vergleichbar,

▼ *In kleinen Geschäften hat man trotzdem viel Auswahl*

040jp Abb.: rb

Konbini

*Das Wort leitet sich vom englischen **convenient store,** etwa „praktischer Laden" ab. Der erste dieser 24 h geöffneten kleinen Läden wurde 1974 eröffnet. Mittlerweile gibt es im ganzen Land ca. 50.000, nahezu an jeder zweiten Straßenecke! Die Preise in den konbini gehören nicht zu den niedrigsten, dafür erhält man aber fast alles Nützliche, was Angestellte und Reisende so gebrauchen könnten: schnelle Gerichte, Getränke, Papierwaren, Socken, Regenschirme, insgesamt ca. 3000 unterschiedliche Produkte auf einer Fläche von nur ca. 100 m². Auch an Kopieren, Faxen, Briefmarken, Digitalbilder ausdrucken und eine Toilette für Gäste ist meist gedacht.*

egal ob sie sich in einer Haupteinkaufsstraße, einem Wohnviertel, in Bahnhöfen oder auf dem Flughafen befinden.

Genauso wie daheim gibt es auch in Japan **Sonderangebote** (お得, *o-toku;* バーゲン, *bâgen*) und **Rabattaktionen** (２割引, *ni waribiki,* 20 % Rabatt; 半額, *hangaku,* halber Preis). Nicht nur für Schnäppchenjäger, auch wer für seine neue Bleibe noch einiges an Grundausstattung benötigt, dem seien die **100-Yen-Geschäfte** empfohlen. Im Gegensatz zu Ein-Euro-Läden ist das Warenangebot umfangreicher und durchaus hochwertiger.

Zum **Friseur** (美容師, *biyôshi*) muss fast jeder, um sich die Haare schneiden zu lassen (散髪, *sanpatsu,* Haarschnitt). Friseursalons (美容院, *biyôin*) sind an rotierenden blau-weiß-roten Reklamesäulen zu erkennen und kosten ab 3000 ¥ (21 €) für einen einfachen Herren-Haarschnitt. Dafür gibt es meist noch eine Kopf- oder Nackenmassage. In der Nähe von Bahnhöfen kann man für ca. 1000 ¥ (7 €) Friseure finden, die „nur" Haare schneiden.

- z. B. www.qbhouse.co.jp

Unterwegs

Bahn (電車, densha)

Die japanischen Eisenbahnen (鉄道会社, *tetsudô-gaisha*) sind bekannt für ihre Pünktlichkeit. Auf die Minute genau fahren Züge nach Plan. An der Infor-

041jp Abb.: rb

▲ *Drunter, drüber, geradeaus*

mation werden nicht selten Verbindungen mit nur ein paar Minuten Umsteigezeit empfohlen. Ob das reichen mag und man nicht vielleicht rennen muss, fragt man sich nur bei der ersten längeren Fahrt. Ausnahmen wegen höherer Gewalt kommen natürlich vor, sind aber äußerst selten.

Neben Lokalbahnen (各駅停車, *kakue-kiteisha*) und Eilzug (快速, *kaisoku*) verkehren aufpreispflichtige Schnellzüge (急行, *kyûkô*) und Expresszüge (特急, *tokkyû*) sowie der Hochgeschwindigkeitszug **Shinkansen** (新幹線) mit Bezeichnungen wie *kodama* (こだま, Echo), *hikari* (ひかり, Licht) und *nozomi* (のぞみ, Hoffnung). Lokalbahnen sind die langsamsten Verbindungen und der *„nozomi"-Shinkansen* ist der schnellste.

Elektronische Zugauskünfte

- *www.jorudan.co.jp/english/norikae/e-norikeyin.html (engl.)*
- *www.hyperdia.com/cgi-english (engl.)*
- *http://ekitan.jp (jap.)*

Neben Wagen der 2. Klasse (普通車, *futsûsha*) gibt es in den schnelleren Zügen auch Wagen der

1. Klasse (グリーン車, *gurîn sha*). Auf den Bahnsteigen (プラットホーム, *purattohômu*) sind die genaue Position der Zugtüren und Wagennummern markiert, Züge halten jedes Mal an exakt derselben Stelle. Damit das Einsteigen schneller geht, stellen sich Wartende in zwei Reihen vor jeder Tür auf.

Am Bahnhof (駅, *eki*) im Reisezentrum (旅行センター *ryokô-sentâ*), am Schalter (緑の窓口, *midori no mado-guchi*) oder am Automaten (自動販売機, *jidôhanbaiki*) kauft man eine Fahrkarte (切符, *kippu*) für eine einfache Fahrt (片道, *katamichi*) oder Hin- und Rückfahrt (往復, *ôfuku*), für einen reservierten (指定席, *shiteiseki*) oder unreservierten Platz (自由席, *jiyûseki*). Im *Shinkansen* ist es nicht erlaubt, ohne Reservierung in dem Wagen der reservierten Plätze zu sitzen. Selbst dann nicht, wenn der unreservierte Teil überfüllt und im reservierten Teil noch freie Plätze sind.

Wer als Tourist nach Japan reist, kann mit dem günstigen **Japan Rail (JR) Pass** 7, 14 oder 21 Tage lang auf fast allen Strecken der JR reisen, mit Ausnahme des *„nozomi"-Shinkansen*, aber einschließlich einiger JR-Busse und -Fähren. Dieser Pass gilt nicht auf Privatbahnstrecken. Ein Erwachsener zahlt in der 2. Klasse 28.300 ¥ (200 €) für 7 Tage, 45.100 ¥ (320 €) für 14 Tage und 57.700 ¥ (410 €) für 21 Tage, Kinder im Alter von sechs bis elf Jahren zahlen die Hälfte. Der Pass muss bereits außerhalb Japans, beispielsweise im Reisebüro erworben werden. Man erhält

Nachzahlen möglich

Wer beim Fahrkartenkauf an der Übersichtskarte über dem Automaten seine Station nicht gleich findet und damit den richtigen Preis nicht kennt, kann mit dem günstigsten Ticket bis zur gewünschten Station fahren und dort am ***Nachzahlautomaten*** *(のりこし精算, norikoshi seisan) den Rest begleichen.*

042jp Abb.: rb

▲ *Preise und Stationen stehen über den Automaten*

Japan Rail Pass
www.japanrailpass.net

einen Gutschein, der bei Einreise, z. B. am Flughafen, spätestens jedoch drei Monate nach Erwerb, bei Vorlage des Reisepasses in einen gültigen Rail Pass umgetauscht wird. Beim Umtausch muss das Startdatum der gewünschten Gültigkeit, die bis zu einen Monat später beginnen kann, eingetragen werden. Der Pass ist personengebunden und nicht übertragbar.

Darüber hinaus gibt es weitere preisgünstige Pässe, die in Japan erworben werden können. Neben verschiedenen regional begrenzten Pässen ist das **JR Seishun 18 Kippu** (青春十八きっぷ) der einzige weitere landesweite Pass. Auch Nichtstudenten können ihn für 11.500 ¥ (85 €) erwerben. In den Hochschulferienzeiten von März bis Mitte April, Mitte Juli bis Mitte September und Mitte Dezember bis Mitte Januar kann man an fünf beliebigen Tagen mit Lokalbahnen, Eilzug und Schnellzug beliebig oft und weit fahren. Expresszüge und *Shinkansen* können nicht benutzt werden. Man kann den Pass mit

Bahnhof und Verabredung

Eine Verabredung am Bahnhof ist praktisch, da dieser im Gegensatz zu Adressen einfach lokalisierbar ist. Zum Betreten des Bahnsteigs muss ein Fahrschein in eine ***automatische Schranke*** *(改札口, kaisatsuguchi) gesteckt und am Ende der Schranke wieder herausgezogen werden. Beim Verlassen des Bahnsteigs muss der Fahrschein wieder in eine Schranke gesteckt werden. Einfachfahrscheine kommen nicht wieder heraus. Fahrkartenkontrollen sind somit überflüssig. Das Verabreden auf und Abholen vom Bahnsteig ist nur bei Erwerb des billigsten Fahrscheins durch den Abholer möglich.*

Wer sich an der Schranke verabredet, sollte aufpassen. Größere Bahnhöfe haben mehrere Ausgänge und somit auch mehrere Schranken. Entweder den Namen des Ausgangs vorher verabreden oder bei Unkenntnis sich an den Himmelsrichtungen im Uhrzeigersinn orientieren. Oft gibt es so bezeichnete Nord- (北, kita), Ost- (東, higashi), Süd- (南, minami) oder Westausgänge (西口, nishiguchi).

Zugpässe
- *www.japan-guide.com/e/e2357.html*
- ***JR East Infoline,*** *Tel. +81 (0)3 34230111, Mo–Fr, 10–18 Uhr, Auskunft auf Englisch*

mehreren, maximal fünf Personen benutzen. Dabei zählen zwei Personen an einem Tag wie eine Person an zwei Tagen. So genannte **shûyûken** (周遊券) oder **furî kippu** (フリー切符) sind Fahrscheine für bestimmte Regionen, die neben einer Hin- und Rückfahrt meist mit dem *Shinkansen* innerhalb der räumlichen und zeitlichen Gültigkeit „freie", kostenlose Benutzung der Regionalzüge erlauben.

Bus (バス, basu)

Das Busnetz in Städten ist gut ausgebaut. An den Haltestellen (停留所, *teiryû-jo*) hängt der Stations- und Fahrplan (時刻表, *jikokuhyô*) der entsprechenden Linie. Die in Europa übliche Einteilung in Zonen und Fahrscheine (切符, *kippu*), die zum Umsteigen (乗換, *norikae*) berechtigen, gibt es in Japan nicht. Bezahlt wird meist pro Busfahrt beim Fahrer selbst. Stadtbusse haben oft einen Einheitspreis von 200–220 ¥ (1,40–1,60 €) pro Busbenutzung. In diesen wird gleich beim Einstieg an der vorderen Tür bezahlt. Dazu wirft man das passende Fahrgeld in eine Box beim Fahrer ein. Wechseln kann man es meist in der gleichen Box in einem anderen Schlitz. In kleineren Städten und Vororten bezahlt man entsprechend der gefahrenen Stationen. Beim Einsteigen an der hinteren Tür zieht man einen Schein mit einer aufgedruckten Nummer. In einem Display über dem Ausstieg an der vorderen Tür wird der Reisepreis entsprechend der gezogenen Nummer und der aktuellen Haltestelle angezeigt. Den Schein wirft man beim Aussteigen zusammen mit dem Fahrgeld in die Box beim Fahrer.

Tagesfahrscheine und Guthabenkarten

In einigen Städten gibt es Tagesfahrscheine, z. B. in Kyôto für günstige 500 ¥ (3,60 €). Um sich das ständige Hantieren mit Kleingeld zu ersparen, kann man Fahrscheine bzw. eine Guthabenkarte vorher im Busbahnhof kaufen, Rabatt gibt es meist keinen. Kinder fahren günstiger, meist zum halben Preis.

043jp Abb.: rb

▲ *Im Bus lässt es sich gut reisen*

Darüber hinaus gibt es ein dichtes Netz von Busverbindungen im **Fernverkehr** (長距離バス, *chôkyori basu*) zwischen verschiedenen Städten. Meist sind Busreisen billiger als Zugreisen und wer einen **Nachtbus** (夜行バス, *yakô basu*) nimmt, spart zusätzlich die Kosten für eine Übernachtung. Fahrscheine müssen vorher gekauft werden, entweder im Busbahnhof, im Reisebüro und für JR Busse auch am Fahrkartenschalter von JR Bahnstationen. Der „Japan Rail Pass" ist für einige der JR Busverbindungen gültig, Informationen dazu gibt es im Reisebüro oder auf der Website des JR Passes (s. S. 106).

Japan Bus Web
www.bus.or.jp/e/index.html (engl.)

Auto (車, kuruma)

Ein Auto für ca. 6500 ¥ (50 €) pro Tag zu mieten, ist eine angenehme Möglichkeit, entlegenere Reiseziele zu erreichen. **Autovermieter** wie Nippon Rent-a-car, Toyota Rent-a-car, Mazda Rent-a-car, Budget, Hertz sowie die lokalen Ableger der weltweiten Vermieter Avis, hier unter dem Namen Japanren, befinden sich an allen Flughäfen und größeren Bahnhöfen.

Der in Europa ausgestellte internationale Führerschein ist in Japan nicht gültig. Man kann aber mit dem heimischen **Führerschein,** der mindestens drei Monate vor Ankunft ausgestellt wurde, bis zu einem Jahr ein Fahrzeug lenken, sofern dem Dokument eine **Übersetzung** beigelegt ist. Diese Übersetzung kann ausschließlich durch eine Auslandsvertretung in Japan oder die **„Japan Automobile Federation“** (JAF) gegen 3000 ¥ (22 €) Gebühr ausgestellt werden.

- **JAF,** 105 Tôkyô, Minato-ku, Shiba-kôen, 3-5-8, Kikaishinko Kaikan Biru, Tel. +81 (0) 3 59760055 (24 h Informationsdienst), www.jaf.or.jp/e/index.htm (engl.)

JR Eki Rent-a-car
Eines der attraktivsten Angebote. Wer mehr als 200 km mit der Bahn fährt, erhält auf Bahnticket und Mietwagengebühr 20 % Rabatt.

In Japan herrscht **Linksverkehr.** Daneben gelten folgende Regeln: Fahrer und Mitfahrer müssen sich anschnallen, Telefonieren beim Fahren ist verboten, Kinder unter sechs Jahren brauchen einen Kindersitz, unter Alkoholeinfluss darf nicht gefahren werden – die **Promillegrenze ist Null.** Geparkt werden darf nur in dafür vorgesehenen Bereichen, in Städ-

044jp Abb.: rb

▶ *In Japan herrscht Linksverkehr*

ten grundsätzlich nur gegen Gebühr. Wer das Auto einfach auf der Straße abstellt, muss damit rechnen, abgeschleppt zu werden. Die Höchstgeschwindigkeit ist 80 km/h auf Autobahnen und 40 km/h in Städten. Auf **Autobahnen** (高速道路, *kôsoku dôro*) zahlt man eine Autobahngebühr, ca. 30 ¥ (22 ct) pro Kilometer.

Flugzeug (飛行機, hikôki)

Viele japanische Städte sind untereinander durch ein **dichtes Netz von Linienflügen** verbunden. Preisvorteile haben Frühbucher und Frühaufsteher bei Flügen vor 7 Uhr morgens. Zu den Hauptreisezeiten (s. S. 83) gibt es dagegen meist keine Rabatte.

Japanische Fahrerlaubnis

Wer länger als ein Jahr in Japan ist, muss eine japanische Fahrerlaubnis in der Führerscheinstelle (運転免許試験所, untenmenkyo shikenjo) der Polizei (警察, keisatsu) beantragen. Benötigt werden:

- ❑ *heimische Fahrerlaubnis, Übersetzung ins Japanische,*
- ❑ *Reisepass,*
- ❑ *Ausländerausweis,*
- ❑ *ein Foto (3 x 2,4 cm),*
- ❑ *ca. 4000 ¥ (29 €),*
- ❑ *viel Zeit, da die gesamte Prozedur inklusive Belehrung mehrere Stunden dauern kann.*

Die japanische Fahrerlaubnis muss alle paar Jahre erneuert werden.

Flugpässe

Wer mehrere Inlandsflüge oder Flüge zu entfernten Zielen wie Hokkaido bzw. Okinawa buchen möchte, bekommt mit den Programmen ***„Welcome to Japan“*** *und* ***„Yokoso! Japan“*** *von Japan Airlines (JAL) sowie* ***„Visit Japan“*** *und* ***„Star Alliance Japan Airpass“*** *von All Nippon Airways (ANA) kräftige Preisnachlässe. Diese „Flugpässe“ müssen teilweise vor Ankunft in Japan gekauft werden.*

- *www.jal-europe.com/langs/german/main.html ➞ Das Neueste von JAL ➞ Yokoso Japan - Willkommen bzw. ➞ Neuigkeiten ➞ Deutschland ➞ Welcome to Japan*
- *www.anaskyweb.com/de/d/ana_info/partner_tarife/p_und_a/airpass/*

In Japan

Schiff (船, fune) und Fähre (フェリー, ferî)

Nichts klingt natürlicher, als im Inselstaat Japan mit dem Schiff unterwegs zu sein. Wer Zeit hat, kann von der Hauptinsel Honshû aus viele der anderen Inseln mit der Fähre erreichen, preislich zu einem Bruchteil von Flugverbindungen. Zu den weiter entfernten Inseln ist es jedoch ein langer Weg, bis Okinawa dauert die Reise zwei Tage. Die billigsten Tickets beinhalten weder Bett noch Sitzplatz, man schläft mit vielen anderen Reisenden auf dem Boden eines großen Raumes.

Japan Long Distance Ferry Association
Englischsprachige Auskunft und kostenlose Broschüre mit Fahrplänen und Preisen: Tôkyô, Chiyoda-ku, Uchisaiwai-chô, 2-1-1, Lino Bldg., Tel. +81 (0) 3 35010889

Per Anhalter (ヒッチハイク, hitchihaiku)

Das Japan eines der sichersten Länder der Welt ist, trifft auch beim Reisen per Anhalter zu. Allerdings sollte man trotzdem vorsichtig sein. Obwohl diese

▼ *Zum Reisen suche man sich nette Gefährten*

045jp Abb.: rb

Art des Reisens nicht sehr verbreitet ist, bekommt man doch recht einfach eine Mitfahrgelegenheit. Man schreibe das Ziel in großen *kanji* auf ein Schild und stelle sich damit an eine viel befahrene Straße. Wenn man nicht allzu heruntergekommen aussieht, braucht es in der Nähe großer Städte keine 15 Minuten. Wer eine Mitfahrgelegenheit gefunden hat, wird die Gastfreundschaft der Japaner schätzen lernen. Gelegentlich bekommt man Essen angeboten, manchmal wird es extra gekauft.

Andenken
Als kleines Andenken an den „Mitfahrer" aus dem fernen Europa eignet sich schon eine Postkarte der Heimatstadt.

Taxi (タクシー, takushî)

Taxis gibt es in Japan praktisch überall. Am Straßenrand stehen, heranwinken und schon wird eines neben dem Wartenden halten. Selbst in ruhigen, dörflichen Gegenden findet man sie in der Nähe von Bahnstationen. Türen öffnen beim Ein- und Aussteigen automatisch. Das Taxameter beginnt meist bei ca. 600–660 ¥ (4,30–4,70 €) für die ersten zwei Kilometer und steigt um ca. 200–300 ¥ (1,40–2,20 €) pro Kilometer. Trinkgeld wird nicht erwartet. Da japanische Adressen schwer zu lokalisieren sind, ist es nicht selbstverständlich, dass der Taxifahrer sie sofort ausfindig macht. Ein kurzer Stopp an einem Polizeihäuschen (交番, *kôban*) kann da oft weiterhelfen. Nachts sind Taxis meist die einzige Möglichkeit, wieder nach Hause zu kommen.

Nachtverkehr
Wer vorhat, abends länger auszugehen und auch mal nach Mitternacht noch in der Bar mit Freunden abzuhängen, sollte aufpassen. Selbst in Großstädten wie Tôkyô gibt es keinen kontinuierlichen öffentlichen Nachtverkehr! Kurz nach Mitternacht fährt die letzte Bahn oder der letzte Bus. Wer den verpasst, kann entweder mit dem Taxi zurückfahren oder durchmachen oder eine andere Übernachtung, etwa ein Manga-/Internet-Café aufsuchen.

Fahrrad (自転車, jitensha)

Websites zum Thema Fahrradfahren
- *www.japancycling.org*
- *www.cyclingaroundtheworld.nl/japan/ie_japan.htm*
- *www.kancycling.com/Resources/ResourcesBooks.html*

In vielen touristischen Städten kann man Fahrräder in der Nähe von Bahnstationen ausleihen. Ebenso verleihen Jugendherbergen oft welche, meist mit den günstigsten Konditionen. Wer sein Rad mit dem Bus oder der Bahn transportieren möchte, muss die Räder abschrauben, alles zusammen in einen Fahrradsack einpacken und ein Fahrradticket (手回り品切符, *temawarihin kippu*) lösen.

Wandern (ハイキング, haikingu)

Websites zum Thema Wandern
www.outdoorjapan.com
www.camping.gr.jp

Aufgrund der bergigen Geographie sind weite Teile des Landes recht dünn besiedelt. Daher kann man selbst in Großstadtnähe auf ausgedehnte Wanderungen oder kurze Ein-Tages-Touren gehen. Die offiziellen Wanderwege sind gut ausgeschildert. **Campingplätze** (キャンプ場, *kyanpu-jô*) gibt es von kostenlos bis zur Möglichkeit, das komplett ausgestattete Zelt zu mieten. Wild Zelten wird außerhalb der 28 Nationalparks und 55 Quasi-Nationalparks geduldet, allerdings legt man Wert auf Unauffälligkeit – Zelt aufbauen nach Sonnenuntergang und abbrechen am frühen Morgen. Einige **Berghütten,** mit einfacher Ausstattung bis zu Herbergen mit warmen Mahlzeiten, säumen die Hauptwanderrouten.

Preiswert reisen

Für ausländische Touristen gibt es die **„Welcome Card“,** mit der man Rabatte von 20–50 % in Hotels, Restaurants und Museen bekommt. Es gibt sie für Städte, beispielsweise Fukuoka und Narita, Präfek-

046jp Abb.: rb

▲ *Diese komplett ausgestatteten Zelte kann man mieten*

turen, z. B. Aomori und West-Honshû, oder manchmal zeitlich begrenzt, z. B. Kôbe nur im Winter. Ob es im gewünschten Gebiet eine solche Karte gibt, kann man in den Touristinformationen (観光案内所, *kankô annaijo*) vor Ort erfragen. Einige kann man am Flughafen in Tôkyô-Narita bzw. Ôsaka-Kansai erwerben.

In den meisten großen Städten gibt es in der Nähe von Einkaufsstraßen und Bahnstationen **Ticket-Verkäufer** (金券屋, *kinkenya*), die verbilligte Flugtickets, Zugfahrscheine und Eintrittskarten verkaufen. Erkennbar sind sie an vielen Zetteln im Aushang, auf denen die Preise stehen. Man sollte sicherstellen, dass das Ticket im gewünschten Zeitraum Gültigkeit besitzt.

Der beste Hinweis für preiswertes Reisen ist, **Alternativen** in Betracht zu ziehen. Wer Zeit hat, kann viel Geld durch Umsteigen auf langsamere Verkehrsmittel sparen. Anstelle eines Fluges zu einer Insel z. B. eine Fährfahrt buchen oder anstatt im

Shinkansen mit Regionalzügen und einem billigeren Regionalpass fahren. Es lohnt sich, nach gerade gültigen Sparpreisen (特別価格, *tokubetsu kakaku*) bei Bus-, Bahn-, Fähr- oder Fluggesellschaften Ausschau zu halten. Beispielsweise bietet JR oft Hin- und Rückfahrt, z. B. von Tôkyô nach Kyôto inkl. Hotelaufenthalt zu einem Preis an, der unter dem zweier Einzelfahrkarten liegt.

Nützliche Reiselinks

- ***Japanische Landkarten,*** *Stadtpläne, Zug, Bus und U-Bahnnetzkarten, www.japanhomesearch.com/general/japanmaps.asp*
- ***Japan Travel Phone,*** *0088 224800 (in Japan), kostenfreie Rufnummer, Auskunft auf Englisch zu Bus, Zug und Fähre, täglich 9–17 Uhr (In Tôkyô und Kyôto ist diese Nummer nicht geschaltet, dort die Touristinformation anrufen.)*
- ***iTownpage,*** *gelbe Seiten auf Englisch, http://english.itp.ne.jp*

Unterkunft

Wer nach Japan mit der Vorstellung kommt, „wie daheim" wohnen zu können, sollte sich davon lösen. Das ist nicht nur eine Frage des Geldes, sondern allgemein unterschiedlicher Lebensumstände. Im Vergleich zu Deutschland, der Schweiz und Österreich ist der häusliche und private Lebensstandard in Japan einfacher. Das bezieht sich auf **Enge:** ein 12 m²-Zim-

047jp Abb.: rb

▶ *Dicht an dicht im Stadtzentrum*

mer ist groß; **Lärm:** es gibt praktisch keine Schallisolierung in den Häusern. **Hitze im Sommer** und **Kälte im Winter:** es gibt nahezu keine Wärmeisolation und oft keine Heizung oder Klimaanlage; **unzureichende sanitäre Anlagen** und durch das Klima bedingt auftretendes **Ungeziefer** wie Kakerlaken (ゴキブリ, *gokiburi*). Zudem gibt es den üblichen Teufelskreis, entweder dicht zum Zentrum und **unglaublich teuer** oder preiswert und dafür **lange Anfahrtswege** in Kauf zu nehmen. Abschrecken lassen sollte man sich von diesen Umständen jedoch nicht.

Wohnung mieten

048jp Abb.: rb

▲ *Welche darf es sein …*

Die preiswertesten Wohnungen sind **apâto** (アパート) genannte Appartements, meist im japanischen Stil mit Binsenmatten (畳, *tatami*) und unmöbliert, dafür mit eingebautem Wandschrank. Die einfachsten sind Einraumwohnungen mit Toilette und Spülbecken oder Anrichte mit Spüle. Wenn die Dusche fehlt, kann man für ca. 300–400 ¥ (2,10–2,90 €) in eines der öffentlichen **Badehäuser** (銭湯, *sentô*) in der Nachbarschaft gehen. Sie sind mit einem großen ゆ *(yu)* auf dem Vorhang am Eingang gekennzeichnet.

Die Größe der gesamten Wohnung sucht man in Anzeigen vergeblich, üblich ist die Angabe der bewohnbaren Zimmer und deren Größe im **tatami-Maß** (一畳, *ichi jô*, ca. 1,8 x 0,9 m = 1,6 m²). Mittlere Einraum-apâto haben ein sechs bis acht *tatami* großes Zimmer (9,6–12,8 m²) mit Kochnische und separater Nasszelle, die aus WC,

Spüle und einer Sitzbadewanne mit Warmwasser-Dusche besteht. Einfache *apâto* kosten je nach Stadt und Lage ab 25.000–50.000 ¥ (180–360 €) pro Monat.

Nach westlichem Vorbild gebaute Wohnungen mit Linoleum- oder Parkettfußboden, meist aber ohne den wichtigen Wandschrank, heißen **manshon** (マンション). Diese sind teurer als *apâto* und erfordern den Kauf eines Bettes und anderer Möbel, da man in der Regel nicht wie im *apâto* lediglich mit ↗**futon** (布団) auf dem tatami-Boden schlafen kann.

Wer eine Wohnung nach seinem Geschmack gefunden hat, dem stellt sich eine neue Hürde in den Weg. Für den Abschluss eines Mietvertrages wird oft ein **selbstschuldnerisch haftender Bürge** (連帯保証人, *rentai-hoshônin*) benötigt, der seinen Kopf hinhalten muss, wenn der Mieter auch nur mit einer Zahlung im Rückstand ist. Ein solcher Bürge kann

Futon

Ein futon als Schlafgelegenheit ist im Unterschied zu denen in Europa verkauften Futon-Betten eine einfache, zusammenfaltbare Matratze („Unter-futon") und eine recht breite Decke („Oberfuton"). Tagsüber werden sie üblicherweise zusammengerollt und im Wandschrank verstaut. Im Gegensatz zu in Japan unüblichen Federkernmatratzen ist der Unter-futon recht dünn und eignet sich nicht, um direkt auf einem harten Fußboden zu schlafen.

Der erste Monat wird teuer

Am Anfang des ersten Monats ist die ***bis zu sechsfache Monatsmiete*** *zu zahlen. Anzeigen sollte man genau lesen, um zu wissen, was an Kosten auf einen zukommt.*

- *„Schlüsselgeld" (礼金, reikin), ein bis zwei Monatsmieten, bekommt man nicht zurück.*
- *Kaution (敷金, shikikin), ein bis zwei Monatsmieten, bekommt man rückerstattet, wenn bei Auszug keine Beanstandungen, besonders bezüglich des tatami-Bodens auftreten.*
- *eine Miete im Voraus (前金, maekin), eine Monatsmiete*
- *Maklergebühr (仲介手数料, chûkai tesû-ryô), eine Monatsmiete*

▲ *In einem traditionellen japanischen Haus*

beispielsweise der Arbeitgeber sein. Die vergebliche Suche nach einem Bürgen kann für viele jedoch zum Scheitern des „Unternehmens eigene Wohnung" führen.

Beim Einzug in die Wohnung sollte man neben den Kosten für eventuell notwendige Möbel auch an die Anschaffung und die **Nebenkosten** eines Heizgerätes (ファンヒーター, *fan hîtâ*) für Strom, Gas oder Öl und eines Ventilators (扇風機, *senpû-ki*) denken, falls eine Klimaanlage (エアコン, *eakon*) fehlen sollte.

Wer keine Waschmaschine (洗濯機, *sentaku-ki*) kaufen möchte, kann in einem der vielen öffentlichen Waschsalons (コインランドリー, *koin landorî*) für 200–300 ¥ (1,40–2,10 €) pro Waschgang und 100 ¥ (0,70 €) für zehn Minuten Trockenzeit seine Wäsche reinigen.

Gasthaus und Wohnheim

Eine Alternative zur eigenen Wohnung ist ein Wohnheim, und das nicht nur für Studenten. Um die Mietprozeduren für Ausländer einfacher zu gestalten, gibt es in größeren Städten eine Reihe von **Ausländer-**(外国人, *gaikokujin-*)Häusern. In diesen kann man meist ab einem Monat wohnen und bezahlt nur eine **geringe Kaution.** Dafür hat man dann ein eigenes Zimmer mit gemeinsam genutzter Küche und Dusche. Auch hier gilt, dass der Standard einfach ist. Der größte Nachteil ist eine noch höhere monatliche Miete. Allerdings sind in diesem Preis alle Nebenkosten schon enthalten, oft sogar die Breitbandverbindung für das Internet.

Preise
Kurzaufenthalt ab ***1500 ¥ (11 €)*** *pro Person und Nacht; Studenten- oder Firmenwohnheim ab* ***20.000 ¥ (140 €)*** *pro Person und Monat; Ausländerwohnheim ca.* ***50.000–100.000 ¥ (360–720 €)*** *pro Person und Monat*

Studenten sollten sich an das vorzugsweise internationale Studentenbüro der Bildungseinrichtung wenden. In **Studentenwohnheimen** wohnt allerdings nur ein geringer Teil der Studenten. Mit auf sechs Monate oder ein Jahr begrenzter Mietdauer ist zu rechnen.

Größere Firmen bieten für ihre Angestellten preiswerte Unterkunft in eigenen **Firmenwohnheimen** an. Man sollte sich bewusst sein, dass man dann fast nur noch Angestellte der Firma zu Gesicht bekommen wird. In der Regel sind diese Unterkünfte nur für Männer vorgesehen. Gäste dürfen nicht mit- oder untergebracht werden. In der Regel ist die Firma bei Unterkunftsproblemen ein guter Ansprechpartner, z. B. um als Bürge einzutreten.

Gasthäuser im Internet
www.japan-guide.com/e/e2032.html

Jugendherberge (ユースホステル, yûsu-hosuteru)

Preis
ca. ***2500–3500 ¥ (18–25 €)*** *pro Person und Nacht für Mitglieder*

Jugendherbergen bieten entgegen ihrem Namen nicht nur jungen Leuten Unterkunft. Eine Altersgrenze gibt es nicht, jedoch zahlen Nichtmitglieder meist einen Aufpreis von 1000 ¥ (7 €). Gegen Aufpreis erhält man auch Frühstück und ein warmes Abendbrot. In Japan gibt es ca. 350 Jugendherbergen. Man schläft in Doppelstockbetten im nach Geschlechtern getrennten Mehrpersonenzimmer. Doppelzimmer für Paare oder Familienzimmer gibt es meist nicht.

Man kann sich für ca. 12–20 € einen international gültigen **Mitgliedsausweis** des heimischen Jugendherbergswerkes besorgen. In Japan bekommt man eine **ein Jahr** gültige „International Hostelling Card" für ca. 2800 ¥ (20 €) in einem der landesweiten Jugendherbergsbüros. Vor Ankunft in der Jugendherberge sollte man auf jeden Fall reservieren, egal ob Haupt- oder Nebensaison. Man beachte, dass Jugendherbergen meist privat geleitet werden und nicht alle Leiter Englisch sprechen. Eine Buchung übers Internet ist möglich.

Jugendherbergswerke

- ***Deutsches Jugendherbergswerk*** *(DJH) Service GmbH, Mitgliederservice, 32754 Detmold, Tel. 05231 74010, Fax 740149, service@djh.de, www.jugendherberge.de*
- ***Österreichischer Jugendherbergsverband*** *(ÖJHV), Schottenring 28, 1010 Wien, Tel. 01 5335353, Fax 5350861, oejhv-zentrale@oejhv.or.at, www.oejhv.or.at*
- ***Österreichisches Jugendherbergswerk*** *(ÖJHW), Helferstorferstraße 4, 1010 Wien, Tel. 01 5331833, Fax 533183385, office@jungehotels.at, www.oejhw.at*
- ***Schweizer Jugendherbergen*** *(SJH), Schaffhauserstraße 14, 8042 Zürich, Tel. 044 3601414, Fax 3601460, bookingoffice@youthhostel.ch, www.youthhostel.ch*
- ***Japanisches Jugendherbergswerk,*** *www.jyh.or.jp*
- ***Online-Buchung,*** *www.hihostels.com*

Japanisches Hotel (旅館, ryokan)

Ein *ryokan* ist ein typisch japanisches Hotel. Mit Hotels westlichen Standards haben sie nur wenig gemein, man könnte sie eher mit Pensionen vergleichen. Preislich sind sie oft teurer als Hotels, da sie für viele Japaner nach wie vor der Inbegriff ursprünglichen Reisens sind.

Wenigstens eine Übernachtung in einem *ryokan* sollte man in den Reiseplan mit aufnehmen. Die

Zimmer sind im japanischen Stil mit *tatami* ausgelegt (s. S. 81). Wer nur auf Federkern schlafen kann, sei gewarnt: Geschlafen wird auf dem am Boden ausgerollten *futon*. Dies mag einem ärmlich vorkommen, da es eher an Camping erinnert als an einen erholsamen Hotelaufenthalt. Es ist aber eine durchaus angenehme Art zu schlafen. Der *futon* wird tagsüber in einem Wandschrank aufbewahrt und erst vor dem Schlafengehen vom Personal vorbereitet. In billigeren *ryokan* ist man dafür selbst verantwortlich. Beim Essen sitzt man an einem niedrigen Tisch ebenfalls auf dem Boden, manchmal auf modernen Sitzlehnen.

Preis *ca.* ***4000–15.000 ¥ (29–110 €)*** *pro Person und Nacht*

Man kann wählen, ob man nur Übernachtung oder auch Frühstück oder Halbpension buchen möchte. In den preiswerteren *ryokan* gibt es Gemeinschaftsesszimmer, in denen man das Essen mit herrlichem Ausblick in Garten oder Umgebung genießen kann. In teureren *ryokan* wird das Essen im Zimmer serviert. Die **Mahlzeiten sind typisch japanische Gerichte,** wobei meist regionale Spezialitäten angeboten werden.

Ryokan im Internet

- ***Japan Ryokan Association,*** *www.ryokan.or.jp (jap. und engl.)*
- ***Japanese Inn Group,*** *www.jpinn.com (engl.)*

050jp Abb.: rb

Beim Essen im Gemeinschaftszimmer eines Tempels

Während des Aufenthaltes erhält man einen **yukata** (浴衣). Dies ist ein leichter Baumwoll-Kimono (着物) und eine Art Morgenmantel, der tagsüber zum Tragen im *ryokan* und nachts als Pyjama verwendet werden kann. In einigen Gegenden mit heißen Quellen (温泉, *onsen*) kann man den *yukata* auch außer Haus tragen. Toiletten und Baderäume sind nach Geschlechtern getrennte Gemeinschaftsräume. Manchmal kann man nach Reservierung das Bad zu einer bestimmten Zeit privat benutzen. In Gegenden mit **heißen Quellen** wird das Badewasser direkt von der Quelle gespeist. In manchen *ryokan* bekommt man kein Handtuch, man sollte also vorsichtshalber ein großes und ein kleines dabeihaben (s. S. 79).

Pension (民宿, minshuku)

Pensionen sind **Unterkünfte in privaten Häusern.** Im Gegensatz zu *ryokan*, die sich meist in oder in der Nähe von Städten befinden, sind Pensionen eher auf dem Lande zu finden. Die Ausstattung und der Service ist meist einfacher und somit die Übernachtung oft preiswerter. Eine besondere Art von Pensionen sind die im **gasshô-Stil** (合掌造り, *gasshôzukuri*, „Haus mit Steildach") erbauten, oft mehrere hundert Jahre alten Farmhäuser in Shirakawa, in der Präfektur Gifu, nördlich von Nagoya. Dies sind mit Grasdächern gedeckte Häuser, meist mit einem großen Zentralraum mit Feuerstelle in der Mitte. Hier versammeln sich am Abend alle Familienmitglieder zum gemeinsamen Essen und Plaudern.

Preis
ca. ***4000–10.000 ¥ (29–72 €)*** *pro Person und Nacht*

Pensionen im Internet
- ***Minshuku Center Japan,*** *www.minshuku.co.jp (engl.)*
- ***Shirakawa,*** *www.vill.shirakawa.gifu.jp/e/index.html (engl.)*

Hotel (ホテル, hoteru)

Hotels sind im Gegensatz zu *ryokan* grundsätzlich **„westlichen Stils"**, so wie man sie von daheim kennt. Standard ist eigenes Badezimmer, Fernseher, Telefon und Klimaanlage. Auch die Preise gleichen den europäischen, Frühstück ist oft im Grundpreis enthalten. Hotels im oberen Preisbereich bieten mehrere Restaurants und Bars, Schwimmbad, Fitness-Studio usw. Billiger, weil weniger Service und keine Mahlzeiten angeboten werden, sind **Business-Hotels** (ビジネスホテル, *bijinesu hoteru*), die in erster Linie für reisende Geschäftsleute gedacht und deshalb oft in der Nähe von Bahnstationen und Umsteigeknoten zu finden sind. Neben vielen Einzelzimmern gibt es meist ein paar Doppelzimmer. Die größten Hotelketten sind Washington Hotels, Sunroute, Tôkyû Inn und Dai-ichi Inn. Im Gegensatz zum im *ryokan* erhältlichen *yukata* sind die in den Hotels angebotenen nicht zum Tragen außerhalb des Zimmers bestimmt.

Preis

Businesshotel ca. ***5000–9000 ¥ (35–65 €)*** *pro Nacht für ein Einzelzimmer, ca.* ***7000–12.000 ¥ (50–86 €)*** *für ein Doppelzimmer; im gehobenen Hotel ab* ***10.000 ¥ (72 €)*** *für ein Einzelzimmer, ab* ***12.000 ¥ (86 €)*** *für ein Doppelzimmer*

Hotels online buchen (engl.)

- ***Japan Hotels Online,*** *www.knt.co.jp/kokusai/quick.htm*
- ***Japan Hotel Guide,*** *www.e-japanhotels.com*
- ***Japan City Hotel Association,*** *www.jcha.or.jp*
- ***Japan Hotel Association,*** *www.j-hotel.or.jp/welcome-e.html*
- ***Toyoko Inn Group,*** *www.toyoko-inn.com/eng/*
- ***Welcome Inn Group,*** *www.itcj.jp*

Kapselhotel
(カプセルホテル, kapuseru hoteru)

Eine japanische Besonderheit sind die Kapselhotels, die in den 1970ern für Büroangestellte erfunden wurden, die ihre letzte Bahn verpasst haben. Das hört sich seltsam an, aber da Kapselhotels in größeren Städten an den Verkehrsknoten recht häufig sind, scheint es kein seltenes Phänomen zu sein. Die meisten sind nur **für männliche Gäste** ausgelegt. Man(n) schläft in einer ca. zwei Quadratmeter großen **Plastikkabine,** die ähnlich wie Schließfächer übereinander gestapelt sind. Man sollte keine Platzangst haben und zum Einsteigen etwas gelenkig sein. In diesen Kabinen gibt es neben dem Bett noch Fernseher und Radio. „Abschließen" kann man seine Kapsel nur durch einen Vorhang am Eingang. Wer Einschlafprobleme hat, sollte Ohrstöpsel mitnehmen. Gepäck und Wertsachen schließt man in separate **Gepäckschließfächer** (コインロッカー,

Preis *ca.* ***2500–5000 ¥ (18–36 €)*** *pro Person und Nacht*

▲ *Gestapeltes Schlafen im Kapselhotel*

Kapselhotel mit englischer Website
www.asahiplaza.co.jp (engl.)

koin rokkâ) ein. Die mit anderen Gästen gemeinsam genutzten, separaten **sanitären Einrichtungen** sind großzügig, meist mit verschiedenen Saunas und Bademöglichkeiten. Im Preis sind *yukata* und Handtuch eingeschlossen.

Love Hotel (ラブホテル, rabu hoteru)

Eine weitere japanische Besonderheit sind die Love Hotels. Dieses sind weniger fragwürdige Etablissements als eine wohl eher notwendige Erfindung in einem Land, wo unverheiratete Paare entweder in winzigen Appartements oder noch bei den Eltern wohnen. Zu finden sind sie in Unterhaltungsvierteln und an leicht mit dem Auto zu erreichenden, mit viel Verkehr belebten Straßen. Man wählt das Zimmer an einer hintergrundbeleuchteten Anzeigetafel aus, drückt den entsprechenden Knopf und begibt sich in das Zimmer. Es gibt unterschiedliche Preise für **Ausruhen** (休憩, *kyûkei*), also tagsüber nur ein paar Stunden bleiben, und **Übernachten** (宿泊, *shukuhaku*), meist erst ab 22 Uhr möglich. Ist man einmal im Zimmer, wird dieses verschlossen und man kann es nur zum Auschecken nach Bezahlung wieder verlassen. Abendliche Spaziergänge sollte man daher vor dem Einchecken unternehmen.

Preis
ca. ***5000–12.000 ¥ (36–86 €)*** *pro Pärchen bei Übernachtung, ca.* ***4000 ¥ (29 €)*** *für tagsüber zwei Stunden „ausruhen“*

Die Zimmer sind meist recht großzügig und ähneln eher **komplett eingerichteten** Appartements. Neben einem Doppelbett gibt es ein großzügiges Badezimmer mit Pool-Badewanne und gelegentlich Waschmaschine und Trockner. Darüber hinaus gibt es meist Mikrowelle, Minibar, Kaffeemaschine mit Kaffee- und Teebeuteln, oft auch Spielereien wie eine Sony Playstation. *Yukata,* Handtuch, Zahnbürste und Einweg-Rasierer liegen bereit. Darüber hinaus gibt es Themenzimmer mit den bizarrsten Inneneinrichtungen. Neben einer **umfangreichen Speisekarte** mit günstigen Preisen sind kleine Snacks meist im Preis inbegriffen. Etwaige benötigte Utensilien, wie Kondome oder Kostüme können aus dem umfangreichen **Katalog** bestellt werden. Eine Übernachtung in diesen Hotels ist, da meist zu zweit besucht, recht preiswert.

Tempel (お寺, o-tera)

Zu einer Erfahrung der ganz ungewöhnlichen Art kann eine Übernachtung in einem buddhistischen Tempel werden (宿坊, *shukubô*, „Pilgerklause").

Man muss kein gläubiger Mensch sein, um von der ausgestrahlten Ruhe des Ortes und betenden Mönchen, besonders nach dem hektischen Großstadtleben, in den Bann gezogen zu werden. Eine

Preis *ca.* ***3000–10.000 ¥ (21–72 €)*** *pro Person und Nacht*

052jp Abb.: rb

▼ *Wer schnell friert, erfreut sich am geheizten Tisch (火燵, kotatsu)*

Kôya-san (高野山)
Der wohl bekannteste Tempelbezirk, der Übernachtungen anbietet, ist der von Kûkai (空海, 774–835), posthum als Kôbô Daishi (弘法大師) bekannt, gegründete Ausgangspunkt der Shingon-Richtung des Buddhismus (真言宗, shingon-shû, „Schule des wahren Wortes") auf dem Berg Kôya, ca. 50 km südlich von Ôsaka in der Präfektur Wakayama. In über 50 Tempeln erhält man für ca. 9000 ¥ (65 €) Unterkunft inklusive Abendessen und Frühstück. Einige Mönche sprechen auch Englisch.

- ***Kôya-san Touristinformation,*** *600 Kôya-san, Kôya-chô, Itô-gun, Wakayama-ken, Tel. +81 (0) 736562616, Fax 562889*

Übernachtung in einem Tempel ist ähnlich einem *ryokan,* darüber hinaus kann man an einem **Abendgebet** etwa gegen halb sechs und einem Morgengebet gegen sechs Uhr teilnehmen. Die **Zimmer sind traditionell japanisch eingerichtet,** man schläft im *futon* auf *tatami*-Böden in Räumen mit Schiebetüren (障子, *shôji*). Die sind oft antik und wunderschön mit Tieren und Pflanzen bemalt und sonst nur in Museen zu bestaunen, hier jedoch ganz normale Raumteiler und Schränke. Toiletten und Baderäume sind Gemeinschaftsräume.

Die **Mahlzeiten** sind sehr schmackhaft und rein vegetarisch (精進料理, *shôjin-ryôri*), eine Seltenheit in der modernen japanischen Küche.

Homestay und Home-visit (ホームステイ・ホームビシト)

Preis
meist Unkosten deckend bei Vermittlung

Ein **Familienaufenthalt** (Homestay) oder ein Familienbesuch (Home-visit) sind eine sehr gute Möglichkeit, Japaner und ihre Gastfreundschaft kennen zu lernen. Wer bereits japanische Freunde hat, dem bietet sich vielleicht eine gute Möglichkeit. Wer noch keine Bekanntschaften geschlossen hat, dem können gemeinnützige Organisationen wie die Japanisch-Deutschen Gesellschaften (JDG) helfen. Bei Anfragen nach entsprechenden Vermittlungsmöglichkeiten beachte man jedoch, dass diese Gesellschaften durch freiwillige, unbezahlte Mitarbeit getragen werden und Antworten lange dauern können. **Familienbesuche** (Home-visit) werden teilweise von örtlichen Touristinformationen in Japan vermittelt.

Wer es geschafft hat, einen Familienaufenthalt bzw. -besuch zu organisieren, darf sich über die Gelegenheit freuen, einen Einblick in japanisches Familienleben zu erhalten. Es gibt aber viele Fettnäpfchen, in die man bei Unwissenheit treten kann. Bei guter Vorbereitung lassen sie sich vermeiden (s. S. 79). Das Allerwichtigste: Ein Geschenk nicht vergessen!

Websites zum Thema Homestay

- *www.botschaft-japan.de/austausch/austausch.html → Homestay in Japan*
- ***Experiment in International Living** (EIL), www.experiment.org*
- ***JDG** und **DJG**, www.vdjg.de*

Preiswert wohnen

*Eine recht einfache und preiswerte Möglichkeit sind Jugendherbergen. In Hiroshima z. B. gibt es für Ausländer noch einen Extra-Rabatt von 500 ¥ (3,60 €) und so kann man bereits ab 1700 ¥ (12 €) in der Nebensaison übernachten. In Tôkyô dagegen ist das Skycourt Asakusa mit 5250 ¥ (38 €) teurer als so manches einfache Hotel. Paare und Familien werden auf Dauer in Jugendherbergen nicht so richtig glücklich, da es meist keine Doppel- oder Familienzimmer gibt. Wer länger an einem Ort verweilt, muss aber deswegen nicht sofort in teuren Hotels nächtigen. Gerade für **Paare** bieten sich in Großstädten auch Ausländerwohnheime und Gasthäuser an, in denen es sehr oft Zimmer für zwei Personen gibt, die nur unwesentlich teurer als Einzelzimmer sind. Eine der preiswertesten Varianten ist sicherlich **WWOOF** (s. S. 136), was aber heißt, für freie Unterkunft und Verpflegung als Gegenleistung ein paar Stunden am Tag unentgeltlich zu arbeiten. Wer es abenteuerlich mag, campt im Freien oder nächtigt in Parks. Wer es dagegen exotisch mag, probiert Love Hotel, Kapselhotel oder Manga-/Internet-Café aus.*

Manga- und Internet-Café (マンガ・インターネット・カフェ)

Preis
ca. ***1000–1700 ¥ (7–12 €)*** *für sechs bis acht Stunden im Zeitraum von 22 bis 8 Uhr*

Dies ist eine sehr unkonventionelle, aber preiswerte Übernachtungsmöglichkeit, etwa für Leute, die die letzte Bahn verpasst haben (s. S. 113). Manga- und Internet-Cafés sind meist 24 h geöffnet und bieten neben den Tagestarifen auch **kostengünstigere Nachttarife** an. Dafür kann man im Café surfen, lesen, fernsehen oder eben schlafen. Die **Ledersessel mit Fußhocker** sind meist bequem und auch **separate Kabinen** (ブース, *bûsu*) sind erhältlich. Wer länger bleiben möchte, zahlt den Normaltarif weiter. Die Ausstattung der billigeren Cafés ist einfach, jedoch sind **kostenlose Getränke** wie Tee, Kaffee und Softdrinks meist inklusive. In den etwas teureren gibt es sogar Duschen (s. S. 98)!

Arbeiten

Vollzeit

Wer in Japan fest angestellt arbeitet, tritt automatisch den **gesetzlichen Versicherungen** (社会保険, *shakai hoken*) bei. Vom Gehalt (お給料, *o-kyûryô*) werden Beiträge für Krankenversicherung (健康保険, *kenkô hoken*), betriebliche Unfallversicherung (労災保険, *rôsai hoken*), Arbeitslosenversicherung (雇用保険, *koyô hoken*), Rentenversicherung (厚生年金, *kôsei nenkin*) und Kommunalsteuer (住民税, *juminzei*) abgezogen.

Englische Informationen
Verwaltung des Tôkyôter Stadtbezirkes Chiyoda-ku, www.city.chiyoda.tokyo.jp/english/e-guide/health.html

Als Selbstständiger kann man sich **freiwillig krankenversichern** (国民健康保険, *kokumin kenkô hoken*). Dazu geht man in die zuständige örtliche Verwaltung der Stadt, des Stadtteils oder Dorfes (s. S. 88) und bekommt dort eine Versicherungskarte. Wenn man in die Zuständigkeit einer anderen

053jp Abb.: rb

▲ *Vorbereitung auf das nächste Meeting*

Verwaltung umzieht, muss man sich ummelden und erhält eine neue Karte. Familienmitglieder können gegen geringe Mehrkosten mitversichert werden. Diese freiwillige Versicherung trägt nur 70 % der anfallenden Kosten bei Arztbesuchen und Medikamenten. Nicht bezahlt werden Gesundheitschecks. Auch eine **Schwangerschaft** gilt nicht als Krankheit, d. h. Vorsorge- und Entbindungskosten werden nicht übernommen. Es ist möglich, einen Zuschuss der Kommune zu bekommen, der annähernd die Entbindungskosten abdeckt. Für längere und schwere Krankheiten wie Krebs empfehlen sich Zusatzversicherungen. Auch für die Rente kann man sich freiwillig zusatzversichern (国民年金, *kokumin nenkin*).

Kinder

Plätze in staatlichen Kindergärten (保育園, hoikuen) sind mit Unterstützung der Bildungseinrichtung bzw. des Arbeitgebers erhältlich. Obwohl großer Wert auf das Gruppenverhalten gelegt wird, findet auch fürsorgliche Einzelbetreuung statt und es bleibt genügend Zeit zum freien Spiel.

Weltweite Krankenversicherungen

Wer als Ausländer in Japan arbeitet, für den ist eine Krankenversicherung einer ausländischen Versicherungsgesellschaft eventuell eine Option, da diese weltweit, also auch bei Reisen von Japan ins Ausland gelten. Man kann sie aber nicht von der Steuer absetzen, z. B. www.expacare.net, www.goodhealthworldwide.com, www.globalhealth.jp

Working Holiday

Spätestens **sechs Monate** nach Erteilung des Working Holiday Visums muss man in Japan einreisen. Wer im Land angekommen Unterstützung bei Wohnungs-, Arbeitssuche oder unvorhergesehenen Problemen braucht, kann sich an die „Japanese Association for Working Holiday Makers" wenden. Sie ist von der Regierung autorisiert und mit der Unterstützung von Ferienarbeitern beauftragt. Von allen Einkünften ist **20 % Einkommenssteuer** zu zahlen, die vom Arbeitgeber direkt vom Gehalt abgezogen wird.

Job(such)ideen

Wie findet man einen geeigneten Job? Im Allgemeinen muss man sagen, dass sich die Jobmöglichkeiten mit verbesserten japanischen Sprachkenntnissen drastisch erhöhen, da das u. a. die Suche unge-

Japanese Association for Working Holiday Makers
www.jawhm.or.jp

- *〒164-8512, Tôkyô, Nakano-ku, Nakano, 4-1-1, Sunplaza 7F, Tel. +81 (0) 3 33890181, Fax 33891563*
- *〒541-0031, Ôsaka-shi, Chuo-ku, Kitaham-Higashi, 3-14, L-Ôsaka 4F, Tel. +81 (0) 6 69467010, Fax 69467021*
- *〒810-0062, Fukuoka-shi, Chuo-ku, Arato, 1-3-20, Maison Aqua 3F, Tel. +81 (0) 92 7130854, Fax 7522415*

mein erleichtert. Wer Japanisch nicht sicher beherrscht, für den ist Englisch ein absolutes Muss.

Eine deutsch- und englischsprachige Jobbörse für **Vollzeitarbeit** wird vom Deutsch-Japanischen Wirtschaftskreis (DJW) unterhalten. Gelegentlich findet sich auch in den Jobangeboten der Bundesagentur für Arbeit eine Firma, die Arbeitskräfte für Japan sucht.

- **DJW,** Stockumer Kirchstraße 61, 40474 Düsseldorf, Tel. 0211 45608385, Fax 45608511, info@djw.de, www.djw.de/jobboerse/stellenangebot.html
- **Bundesagentur für Arbeit,** www.arbeitsagentur.de

Es gibt in Japan **Jobagenturen,** die sich auf ausländische Arbeitnehmer, besonders in der IT-Branche und auf Geschäftsführer spezialisiert haben. Vielleicht kennen die noch weitere Agenturen, denn in der Jobvermittlungsbranche sind Kontakte das A und O.

- z. B. www.boydmoore.net

Es gibt viele Möglichkeiten für **Teilzeitarbeit** (アルバイト, *arubaito*), für die aber zumindest eine gewisse Kommunikationsfähigkeit auf Japanisch Voraussetzung ist. Im *konbini* z. B. bekommt man ca. 700–900 ¥ (5–6,50 €) pro Stunde je nach Schicht. In jeder größeren Stadt gibt es auf Teilzeitarbeit spezialisierte, kostenlose Zeitschriften wie „Job Nap“ oder „Town Work“. Diese liegen an Bahnstationen, Kiosken und vor *konbini* aus.

▼ *Magazine für Teilzeitarbeit*

054jp Abb.: rb

Auch in Japan gibt es staatliche Arbeitsagenturen, die **„Hello Work“** (ハローワーク, *harôwâku*) heißen. Ausländer können sich dort auch nach Arbeit erkundigen, Beratung ist z. T. in Englisch möglich. Die Websites der Arbeitsagenturen von Tôkyô und Ôsaka sind teilweise auf Englisch mit allgemeinen Informationen zum Arbeiten in Japan.

- **Tôkyô,** www.tfemploy.go.jp/index_en.html
- **Ôsaka,** www.ysp1-unet.ocn.ne.jp/gaisen/E_webpage/e-toppage.htm

Für die ausländische Gemeinde gibt es in den großen Städten englischsprachige **Stadtmagazine,** z. T. mit eigenen Online-Angeboten, die neben regionalen Themen einen recht umfangreichen Kleinanzeigenteil haben, u. a für Jobs und Zimmer zum Mieten. Man kann meist kostenlos inserieren. Die englischsprachige Tageszeitung „The Japan Times" hat montags einen Stellenanzeigenteil.

- **Tokyo Classified,** www.tokyo-classified.com
- **Tokyo Notice Board,** www.tokyonoticeboard.co.jp
- **Metropolis,** http://metropolis.japantoday.com
- **Kansai Time Out,** www.kto.co.jp
- **The Japan Times,** www.japantimes.co.jp, http://job.japantimes.com/

Irish Pubs

Wer in einer größeren Stadt unterwegs ist, der sollte auch nach englischen bzw. irischen Pubs Ausschau halten. Da dort oft Ausländer beschäftigt sind, kann man bestimmt ein paar Informationen erhalten und zumindest spricht das Personal meist gut Englisch.

055jp Abb.: rb

▲ *Stadtmagazine in Englisch*

Es gibt englischsprachige **Jobsuchmaschinen,** mit denen man Angebote für Teilzeitarbeit finden kann.

Man sollte jedoch keine übergroßen Erwartungen haben, denn 80–90 Prozent sind Sprachlehrerstellen für Englisch-Muttersprachler. Erfolgreicher ist man bei guten japanischen Sprachkenntnissen mit japanischen Jobsuchmaschinen.

- **englischsprachig:** www.gaijinpot.com, www.daijob.com/wij, www.jobsinjapan.com
- **japanischsprachig:** http://next.rikunabi.com, www.baitoru.com/hiragana/index_e.html

Wer dagegen als **Sprachlehrer** arbeiten möchte, kann es bei einer der vielen Sprachschulen versuchen, die größten sind AEON, ECC, Berlitz und NOVA. Darüber hinaus gibt es seit 1987 das **JET-Programm** (Japan Exchange and Teaching) der japanischen Regierung. Sowohl als Sprachlehrer (Assistant Language Teacher [ALT]) als auch in Behörden (Coordinator for International Relations [CIR]) und Sportvereinen (Sports Exchange Advisor [SEA]) werden Arbeitsplätze nach Bewerbung vermittelt. Prinzipiell werden Sprachlehrer für alle Sprachen gesucht, wobei Englischlehrer sicherlich am gefragtesten sind. Wer sich als Englischlehrer bewerben möchte, sollte die Sprache auf hohem Niveau beherrschen. Da sich viele Muttersprachler bewerben, erhöht nachweisbare Lehrerfahrung die Chancen.

- www.jetprogramme.org

Warum nicht etwas Ausgefallenes versuchen, vielleicht das **Hobby zum Job** erweitern? Wie wäre es mit einer Karriere als Skilehrer oder als Model? Dafür sollte man allerdings nicht nur gut aussehen, sondern durch ein Portfolio mit professionellen Fotografien den richtigen Auftritt haben.

- z. B. www.skijapanguide.com (eng.), mit Infos für Leute, die als Skilehrer arbeiten möchten
- z. B. Modelagenturen in Tôkyô, www.j-m-a-a.com/jmaa/tokyo1.html (von eins bis fünf)

056jp Abb.: rb

▲ *Arbeiten in dörflicher Atmosphäre*

WWOOF

Wer entgegen den eigenen finanziellen Möglichkeiten den Wunsch hat, länger in Japan zu bleiben, für den kann Freiwilligenarbeit eine interessante Alternative werden. WWOOF ist die Abkürzung für **World Wide Opportunities on Organic Farms** und entwickelte sich ursprünglich in den 1970er Jahren in England. WWOOF bedeutet unbezahlte Arbeit zumeist auf ökologisch orientierten Bauernhöfen. Im Gegenzug erhält man Unterkunft und Verpflegung umsonst und kommt mit Japanern bei der täglichen Arbeit in Kontakt.

WWOOF Japan
www.wwoofjapan.com (jap. und engl.)

In Japan gibt es eine eigenständige WWOOF-Organisation. Um die teilnehmenden Höfe zu erfahren, muss man zuerst Mitglied werden. Dafür fülle man das englische oder japanische **Bewerbungsformular** auf der Website der Organisation aus und bezahle 4000 ¥ (29 €). Nach Geldeingang dauert es ca. ein bis zwei Wochen und man erhält eine **Mitgliedskarte,** gültig für ein Jahr, und eine Liste der Höfe mit deren Kurzvorstellungen.

Bevor man sich für einen Hof entscheidet, sollte man die Erläuterungen genauestens lesen und bei Unklarheiten lieber zweimal nachfragen. Wichtige Stichpunkte sind:

- Arbeitszeiten und körperliche Anforderungen
- Unterkunft und Ausstattung
- Verpflegung und Möglichkeiten, diese zu beeinflussen, z. B. für Vegetarier/Veganer oder Diabetiker. Aufpassen: Milchprodukte können teilweise frisch und unpasteurisiert sein!

Arbeitszeiten sind zumeist auf bis zu sechs Stunden pro Tag begrenzt, Samstag und Sonntag sind in der Regel arbeitsfrei. Die Unterkunft entspricht meist dem japanischen Standard und wird kein Hotel

057jp Abb.: rb

Selbstgekochtes Essen kann sehr lecker sein

> **Längerer Aufenthalt**
> *Wer über einen längeren Aufenthalt auf ein und demselben Hof nachdenkt, sollte es zuerst ein bis vier Wochen ausprobieren und bei Interesse an einer Verlängerung den Gastgeber rechtzeitig fragen.*

sein. Wenn es im Sommer draußen heiß und im Winter kalt ist, so auch drinnen. Toiletten und Duschen können sich außer Haus, z.B. im Garten befinden. Bei der täglichen Hausarbeit sollte man helfen, Kochen wird immer gern gesehen und ist eine gute Gelegenheit mit den Gastgebern ins Gespräch zu kommen.

Was tun in Notfällen?

Arzt (お医者, o-isha)

Die japanische Krankenversorgung ist außerordentlich gut. Sollte man während des Aufenthaltes krank werden und zum Arzt müssen, heißt das bei einer Auslandsreisekrankenversicherung, sofort nach der Untersuchung zu zahlen. Ratsam ist, ca. 10.000–20.000 ¥ (70–140 €) in bar für solche Fälle zurückzulegen. Wer mit Kreditkarte zahlen möchte, sollte vorher nach Akzeptanz fragen. Die Versicherung erstattet dann die Kosten rückwirkend bei Vorlage der **Rechnungsbelege** im Original. Daher immer an die Ausstellung einer Rechnung (領収書, *ryô-*

> **Notrufnummern in Japan**
> *Alle Notrufnummern sind rund um die Uhr erreichbar und kostenfrei. An öffentlichen Telefonen muss ein roter Knopf vor dem Wählen gedrückt werden.*
> - ***Polizei:*** *110*
> - ***Feuerwehr und Ambulanz:*** *119*
> - ***JHelp.com,*** *englischsprachige Hilfe bei Notfällen: 0120 461997*

shûsho) denken! Diagnose (診断, *shindan*), die einzelnen ärztlichen Leistungen mit Behandlungszeitraum und verschriebene Medikamente (薬, *kusuri*) müssen aufgeführt sein. Ein notwendiger Krankentransport muss mit einem ärztlichen Attest begründet werden. Bei einem notwendigen Aufenthalt im **Krankenhaus** (病院, *byôin*) sollte man sofort die Versicherungsgesellschaft verständigen, die dann meist die Kosten übernimmt, ohne dass man selbst in Vorkasse gehen muss.

Körpertemperatur

Ein wenig bekannter Unterschied zwischen Europäern und Japanern ist die normale Körpertemperatur. Während der Europäer durchschnittlich 36,7 °C hat, sind es beim Japaner 36,0 °C. 37 °C werden in Japan schon als „fiebrig" bezeichnet.

Wer zu einem deutsch- oder wenigstens englischsprachigen Arzt gehen möchte, kann bei den Touristinformationen anfragen. Auf den Internetseiten der Deutschen Botschaft und der Deutschen Schule werden im Raum Tôkyô/Yokohama Ärzte empfohlen. Die Botschaft der Vereinigten Staaten führt eine Liste englischsprachiger Ärzte für ganz Japan. Darüber hinaus gibt es die kostenlose, 24 h erreichbare Notfallnummer von **JHelp.com** (s. S. 138). Einen japanischen Bekannten mitzunehmen, kann manchmal weiterhelfen.

Literaturtipp

„Wie konsultiere ich den Arzt in fünf Sprachen" (Japanisch, Englisch, Französisch, Deutsch und Spanisch) (五ヵ国語病気の訴え方ハンドブック, goka kokugo-byôki no uttae kata handobukku), eine 279-seitige Broschüre der „Japan Times", ISBN 4-7890-0088-5, 1505 ¥ (11 €). Auch über www.amazon.co.uk, „How to Consult The Doctor in five Languages") für £ 21,50 erhältlich.

Mit einem Rezept vom Arzt bekommt man die entsprechenden Medikamente in einer **Apotheke** (薬屋, *kusuri-ya;* 薬局, *yakkyoku*).

- **Deutsche Botschaft,** www.tokyo.diplo.de → Informationen → Aufenthalt in Japan → Ärzteliste
- **Deutsche Schule,** www.dsty.ac.jp/kommunikation/starthilfe.htm#arzt
- **Botschaft der USA,** http://japan.usembassy.gov/e/tacs-main.html

In Japan

Botschaft (大使館, taishikan) und Konsulat (領事館, ryôjikan)

Botschaften und Konsulate führen in der Regel Listen von Bürgern im Land, in die man sich eintragen lassen kann, um im Notfall schnell erreichbar zu sein. An- und Abmeldung per Telefon reicht meist aus.

- **Botschaft der Bundesrepublik Deutschland Tôkyô,** 〒106-0047, Tôkyô, Minato-ku, Minami-Azabu, 4-5-10, Tel. +81 (0) 3 57917700, Fax 57917773, info@tokyo.diplo.de, www.tokyo.diplo.de
- **Deutsches Generalkonsulat Ôsaka-Kôbe,** 〒531-6035, Ôsaka, Kita-ku, Oyodonaka, 1-1-88-3501, Umeda Sky Building, Tower East 35F, Tel. +81 (0) 6 64405070, Fax 64405080, info@osaka-kobe.diplo.de, www.osaka-kobe.diplo.de
- weitere Honorarkonsulate der Bundesrepublik Deutschland in Fukuoka, Hiroshima, Kôbe, Nagoya, Sendai und Sapporo

Zehn Punkte, die bei einem Erdbeben zu beachten sind

- *Ruhe bewahren, Panik vermeiden! Niemals aufgrund Hörensagens handeln. Nur genauen Informationen folgen und am Verhalten von Umstehenden und Sicherheitspersonal orientieren.*
- *Gas ausschalten. Feuergefahr! Auch elektrische Geräte wie Klimaanlage und Kocher sollten ausgeschaltet werden.*
- *Tür öffnen, um den Fluchtweg zu sichern.*
- *Bei Aufenthalt im Zimmer: Schutz unter Tisch oder im Türrahmen suchen. Nicht am Fenster stehen, da Glas leicht splittert.*
- *Bei Aufenthalt im Freien: Vorsicht vor umstürzenden Bäumen und Masten sowie herunterfallenden Gegenständen.*

- **Österreichische Botschaft,**
〒106-0046. Tôkyô, Minato-ku,
Moto-Azabu, 1-1-20, Tel. +81 (0) 3 34518281,
Fax 34518283, tokio-ob@bmaa.gv.at,
www.austria.or.jp/index_g.html
- **Österreichisches Honorar-Generalkonsulat Ôsaka,**
〒541-0046, Ôsaka, Chuo-ku, Hiranomachi,
4-1-2, Ôsaka Gas Co. Ltd.,
Tel./Fax +81 (0) 6 62054680
- weitere Österreichische Honorarkonsulate in Fukuoka, Hiroshima, Nagoya und Sapporo
- **Botschaft der Schweiz,** 〒106-8589, Tôkyô,
Minato-ku, Minami-Azabu, 5-9-12,
Tel. +81 (0) 3 34730121, Fax 34736090,
vertretung@tok.rep.admin.ch,
www.eda.admin.ch/tokyo
- **Generalkonsulat Ôsaka,** 〒530-0003, Ôsaka,
Kita-ku, Dojima 1-chome, 2-5, Dokita-Daibiru Bldg. 7F, Tel. +81 (0) 6 63447671/73,
Fax 63447678, vertretung@osa.rep.admin.ch

- *Autofahren vermeiden. Nach den Anweisungen des Verkehrsfunks richten.*
- *Vorsicht vor Erdrutschen, gefährlichen Berghängen und Meereswogen (Tsunamis).*
- *Nach einem starken Beben zu Fuß zu einem nahegelegenen Evakuierungspunkt begeben, meist einer Schule oder öffentlichen Einrichtung.*
- *Notfallgepäck (sofern bereit) und Wertsachen mitnehmen. Das Gepäck sollte so klein wie möglich gehalten werden. Ein mitgenommenes Kissen kann gegen herunterfallendes Glas schützen.*
- *Nach einem starken Beben folgen verzögert oft Nachbeben, die gerade noch stehengebliebene Häuser dann doch zum Einstürzen bringen können.*

058jp Abb.: rb

Wünsche werden auf kleine Holztäfelchen geschrieben und – wenn im Schrein aufgehängt – sicherlich wahr

Anhang

Informationsquellen

Offizielle

- **Japanische Fremdenverkehrszentrale** (JNTO), für den deutschsprachigen Raum, Kaiserstraße 11, 60311 Frankfurt a. M., Tel. +49 (0) 69 20353, Fax 284281, www.jnto.go.jp
- **Japanisches Außenministerium,** www.mofa.go.jp/link/visit.html (engl.), Visiting Japan Links
- **Yôkoso! Japan,** Visit Japan Campaign (engl.), www.vjc.jp, www.visitjapan.jp

Allgemeine

- **http://de.wikipedia.org/wiki/Japan,** umfangreiche Landeskunde
- **www.japanlink.de,** mit Infos zu Aktuellem, Medien und Kultur, Land und Leuten, Geschichte und Politik
- **www.japan-access.de,** Land und Leute, Essen und Trinken, Kaufen, Hören und Sehen, Lernen und Freizeit, Arbeit und Business
- **www.infojapan.de,** Kultur, Japanisch, Penpals, Reise, Dies und Das
- **www.japan-tipp.de,** Kulturelles, Geschichte, Kulinarisches, Sprache, Reisetipps
- **www.japansuche.de,** Katalog für Japanthemen
- **www.japan-guide.com** (engl.), viele Reisetipps
- **www.jinjapan.org** (engl.), Japan Information Network
- **http://web-japan.org** (engl.), Nature and Geography, Politics and Administration, Economy and Industry, Society and Culture, Travel and Sightseeing, Sports and Leisure, Science and Technology

- **www.being-a-broad.com** (engl.), Informationen für Frauen in Japan
- **http://dmoz.org/Regional/Asia/Japan** (engl.), Katalog für Japanthemen

Zeitungskiosk

- **Japan Times,** Tageszeitung, www.japantimes.co.jp (engl.)
- **Asahi Shinbun,** Tageszeitung, www.asahi.com/english/english.html (engl.)
- **Mainichi Shinbun,** Tageszeitung, http://mdn.mainichi.co.jp (engl.)
- **Daily Yomiuri,** Nachrichtenagentur, www.yomiuri.co.jp/index-e.htm (engl.)
- **Nikkei Net,** Wirtschaftszeitung, www.nni.nikkei.co.jp (engl.)

Japanisches im Fernsehen

- **Aktuelles,** www.japanlink.de/php/tv.php4
- **Newsletter,** www.japanlink.de/uj/tvnewsletter.shtml
- **Anime,** www.tomodachi.de/html/ant/service/tv_planer.html
- **Filme,** www.tomodachi.de/html/ant/service/tv_planer.html#filme
- **Asien,** http://jtxa.de/tv/

Literaturtipps

- Michael Bartsch: **Wie war's in Japan?,** Info Verlag, 2005. Kurzberichte eines Reisenden, amüsant und klischeefern.
- Arthur Golden: **Die Geisha,** u. a. btb, 2003. Einfühlsame Geschichte, bei der man viel über japanische Tradition, Höflichkeit und Bedächtigkeit erfährt. Wurde 2005 verfilmt.

- John Einarsen: **Zen and Kyoto,** Uniplan, 2004 (engl.). Viel Wissenswertes und Hintergründiges über den Zen-Buddhismus und die Tempelwelt in Kyôto. Als Einstieg in diese Thematiken sehr zu empfehlen.
- Tsunetomo Yamamoto: **Hagakure,** Piper, 2005. Vor fast 350 Jahren verfasster Ehrenkodex der Samurai. Leitfaden für strategisches Handeln und die Weisheit in der Lebensführung, schärft Verstand und Vertrauen in die eigenen Fähigkeiten.
- Peter Carey: **Wrong about Japan,** Fischer, 2005. Vater und Sohn reisen nach Tôkyô auf einer Art Manga-Pilgerreise, wollen verstehen, verstricken sich in Fehldeutungen und sind am Ende weiter vom Ziel entfernt als zuvor.
- Christoph Neumann: **Darum nerven Japaner,** Eichborn, 2002. Übertrieben, klischeehaft, skurril und in seiner maßlosen Überzogenheit doch von erheiternder Brisanz.
- James Clavell, **Shogun,** Blanvalet, 2002. Wer die Filme mit Richard Chamberlain verpasst hat, sollte unbedingt das Buch lesen. Auch als DVD erhältlich.
- Banana Yoshimoto, **Kitchen** und **Tsugumi,** Diogenes, 1997. Junge japanische Autorin, deren schräge Geschichten sich um Liebe, Tod und Einsamkeit drehen.
- Leonard Koren, **Wabi-Sabi,** Wasmuth, 2000. Dieses jap. Lautwort (わびさび) ist der Inbegriff von Schönheit, Einfachheit, dem Nicht-Perfekten, Wertvollen. Das, was einen Reisenden an einem japanischen Garten oder Teehaus fasziniert.

Japan für Individualisten

Oliver Hoffmann, Kikue Ryuno

Japan

Der Reiseführer für Entdecker: Detaillierte Ortsbeschreibungen in allen Regionen mit allen Highlights, Unterkunfts- und Restauranttipps, Shopping und Nachtleben. Ausführliche Kapitel zu Geschichte, Land und Leuten, Kultur, Sprache, Ausflüge in Nationalparks, Szene-Trends für junge Leute …

Martin Lutterjohann

Japanisch – Wort für Wort

Reisetypische Situationen meistern und mit den Menschen ins Gespräch kommen – der Kauderwelsch-Sprachführer für die problemlose Kommunikation im Land ohne Lernstress.

Martin Lutterjohann

KulturSchock Japan

Der praktische Kulturführer, um Japan und die Japaner zu verstehen. Denk- und Verhaltensweisen, Alltagskultur, Familie, Traditionen, Religion, Mann und Frau, moderne Umgangsformen, Verhaltenstipps …

REISE KNOW-HOW Verlag, Bielefeld

Praxis-Ratgeber
kompakt & kompetent

Outdoor-Praxis
- *Dschungelwandern*
- *GPS Outdoor-Navigation*
- *Orientierung mit Kompass und GPS*
- *Richtig Kartenlesen*
- *Sicherheit in Bärengebieten*
- *Trekking Handbuch*
- *Die schönsten Trekking-Routen – Nord- und Südamerika*
- *Die schönsten Trekking-Routen – Asien, Afrika, Neuseeland*
- *Vulkane besteigen und erkunden*
- *Wildnis-Ausrüstung*
- *Wildnis-Backpacking*
- *Wildnis-Küche*
- *Winterwandern*

Reise-Praxis
- *All inclusive?*
- *Als Frau allein unterwegs*
- *Ayurveda erleben in Indien und Sri Lanka*
- *Clever buchen – besser fliegen*
- *Clever kuren im nahen Ausland*
- *Drogen in Reiseländern*
- *Fernreisen auf eigene Faust*
- *Fliegen ohne Angst*
- *Gesundheitsurlaub in Deutschlands Thermalbädern*
- *Handbuch für Tropenreisen*
- *Neuseeland: Reisen und Jobben*
- *Reisen und Schreiben*
- *Respektvoll reisen*
- *Schutz vor Gewalt und Kriminalität unterwegs*
- *Schwanger reisen*
- *Selbstdiagnose und -behandlung unterwegs*
- *Sonne, Wind und Reisewetter*
- *Shopping Guide USA*
- *Tango tanzen in Buenos Aires*
- *Unterkunft und Mietwagen clever buchen*
- *Verreisen mit Hund*
- *Wann wohin reisen?*

Fremde Kulturen
- *Buddhismus in China erleben*
- *Daoismus erleben*
- *Hinduismus erleben*
- *Islam erleben*
- *Konfuzianismus erleben*
- *Maya-Kultur erleben*
- *Spaniens attraktivste Fiestas*

Natur und Reise
- *Australiens Outback und Bush entdecken*
- *Essbare Früchte Asiens*
- *Geologische Erscheinungen entdecken und verstehen*
- *Safari-Handbuch Afrika*
- *Survival-Handbuch Naturkatastrophen*
- *Was kriecht und krabbelt in den Tropen?*

Sport und Fun
- *Canyoning Handbuch*
- *Fun & Sport in Eis & Schnee*
- *Handbuch Paragliding*
- *Höhlen erkunden*
- *Inline Skating*
- *Kanu-Handbuch*
- *Küstensegeln*
- *Marathon-Guide Deutschland*
- *Mushing – Hundeschlittenfahren*
- *Pferdetrekking*
- *Sicherheit im und auf dem Meer*
- *Tauchen in kalten Gewässern*
- *Tauchen in warmen Gewässern*
- *Wracktauchen weltweit*

Fahrzeug und Technik auf Reisen

- *Bordbuch Südeuropa für Panne, Unfall und Verkehr*
- *Clever reisen mit dem Wohnmobil*
- *Expeditionsmobil aufbauen und ausrüsten*
- *Fernreisen mit dem eigenen Fahrzeug*
- *GPS-Navigation für Auto, Motorrad, Wohnmobil*
- *Handbuch Wohnmobil-Ausrüstung*
- *Internet für die Reise*
- *Kommunikation von unterwegs*
- *Reisefotografie*
- *Reisefotografie digital*
- *Wüstenfahren*

Routen und Regionen

- *Inline Skaten am Bodensee*
- *Mit dem Auto durch Südamerika*
- *Mit dem Wohnmobil nach Indien und Nepal*
- *Routenbuch Nordkap*
- *Transsib – von Moskau nach Peking*
- *Wein-Reiseführer Deutschland*
- *Wein-Reiseführer Italien*
- *Wein-Reiseführer Toskana*

Job und Ausbildung im Ausland

- *Australien: Reisen und Jobben*
- *Neuseeland: Reisen und Jobben*
- *Sprachen lernen im Ausland*
- *Volunteering – freiwillig helfen im Urlaub*

Jeder Titel: 144–160 Seiten, reich illustriert, robuste Fadenheftung, Taschenformat, Register, Griffmarken

REISE KNOW-HOW Verlag, Bielefeld

Die Reiseführer auf einen Blick

Reisehandbücher
Urlaubshandbücher
Reisesachbücher
Rad & Bike

Reise Know-How

Taiwan
Tansania, Sansibar
Teneriffa
Thailand
Thailand – Tauch- und Strandführer
Thailands Süden
Tokyo, Kyoto, Yokohama
Transsib
Trinidad und Tobago
Tunesien
Tunesiens Küste
Türkei, Hotelführer

Uganda, Ruanda
USA, als Gastschüler
USA, Canada
USA Nordosten, Kanada Osten,
USA Süden
USA Südwesten, Kalif., Baja California
USA, Südwesten, Natur u. Wandern
USA, Westen

Vereinigte Arabische Emirate
Vietnam

Westafrika – Sahel
Westafrika – Küste
Wo es keinen Arzt gibt

Yucatán, Chiapas (Mexiko)

Edition RKH

Abenteuer Anden
Durchgedreht – Sieben Jahre im Sattel
Inder, Leben und Riten
Myanmar – Land der Pagoden
Please wait to be seated
Rad ab!
Salzkarawane
Südwärts durch Lateinamerika
Taiga Tour
USA – Unlimited Mileage

Praxis

Aktiv Marokko
All inclusive?
Australien: Reisen/Jobben
Australien: Outback/Bush
Auto durch Südamerika
Ayurveda erleben
Buddhismus erleben
Canyoning
Clever buchen/fliegen
Daoismus erleben
Drogen in Reiseländern
Dschungelwandern
Expeditionsmobil
Fernreisen, Fahrzeug
Fliegen ohne Angst
Frau allein unterwegs
Früchte Asiens
Fun u. Sport im Schnee
Geolog. Erscheinungen
GPS f. Auto, Motorrad
GPS Outdoor
Handy global
Hinduismus erleben
Höhlen erkunden
Hund, Verreisen mit
Indien und Nepal, Wohnmobil
Internet für die Reise
Islam erleben
Kanu-Handbuch
Kartenlesen
Kommunikation unterw.

Fernziele

Reise Know-How

Konfuzianismus erleben
Kreuzfahrt-Handbuch
Küstensegeln
Maya-Kultur erleben
Mountainbiking
Mushing/Hundeschlitten
Neuseeland: Reisen und Jobben
Orientierung mit Kompass und GPS
Paragliding-Handbuch
Pferdetrekking
Radreisen
Reisefotografie
Reisefotografie digital
Reisen und Schreiben
Reiserecht
Respektvoll reisen
Safari-Handbuch Afrika
Schutz vor Gewalt und Kriminalität
Schwanger reisen
Selbstdiagnose unterwegs
Shopping Guide USA
Sicherheit Bärengeb.
Sicherheit am Meer
Sonne, Wind, Reisewetter
Sprachen lernen
Südamerika, Auto
Survival-Handbuch Naturkatastrophen
Tango in Buenos Aires
Tauchen Kaltwasser
Tauchen Warmwasser
Transsib – Moskau-Peking
Trekking-Handbuch
Trekking/Amerika
Trekking/Asien Afrika, Neuseeland
Tropenreisen

Fernziele

Mit Reise Know-How ans Ziel

Die Landkarten des world mapping project bieten gute Orientierung – weltweit.

- Moderne Kartengrafik mit Höhenlinien, Höhenangaben und farbigen Höhenschichten
- GPS-Tauglichkeit durch eingezeichnete Längen- und Breitengrade und ab Maßstab 1:300.000 zusätzlich durch UTM-Markierungen
- Einheitlich klassifiziertes Straßennetz mit Entfernungsangaben
- Wichtige Sehenswürdigkeiten, herausragende Orientierungspunkte und Badestrände werden durch einprägsame Symbole dargestellt.
- Der ausführliche Ortsindex ermöglicht das schnelle Finden des Ziels.
- Wasser abstoßende Imprägnierung
- Kein störender Pappumschlag, der den behindern würde, der die Karte unterwegs individuell falzen möchte oder sie einfach nur griffbereit in die Jackentasche stecken will

Derzeit rund 100 Titel lieferbar (siehe unter www.reise-know-how.de), z. B.:

Japan	**1:1,2 Mio.**
Ostchina	**1:2,7 Mio.**
Thailand	**1:1,2 Mio.**

world mapping project
Reise Know-How Verlag, Bielefeld

Register

F

G

H

I

J

K

L

M

N

O

P

Q

R

S

T

U

V

W

Y

Z

▶ *Der Autor (rechts) auf Tour durch Japan*

059jp Abb.: rb

Der Autor

Robert Baum (1975 in Rostock geboren) ist ein Weltenbummler. Die Zahl der von ihm bereisten Länder bewegt sich im zweistelligen Bereich.

Während seines Architekturstudiums besuchte er 2000 zum ersten Mal Japan, wo er mit deutschen und japanischen Studenten gemeinsam an einem dreiwöchigen Workshop teilnahm. Seinen besten japanischen Freund traf er 2001 in Finnland wieder. Im Juni 2004 folgte eine zweite Reise nach Japan, um im Architekturbüro von Toyo Ito in Tôkyô während eines sechsmonatigen Praktikums den japanischen Alltag kennen zu lernen. Seine Eindrücke hat er in vielen Fotos festgehalten und in unzähligen Nachtstunden nach der Arbeit auf der Website www.robertbaum.de zusammengestellt. Im Anschluss reiste er weitere sechs Monate kreuz und quer durchs Land. Während dieser Zeit reifte der Gedanke für dieses Buch und wurde zu einem großen Teil bereits in Japan mit Informationen aus erster Hand geschrieben. Von diesen Erfahrungen sollen nun die Leser profitieren.